OPŠIRNI VODIČ ZA IZRADU KRAFNI

100 recepata za mekane, pahuljaste i divne krafne

Antonela Bogdanović

Materijal autorskih prava ©2023

Sva prava pridržana

Nijedan dio ove knjige ne smije se koristiti ili prenositi u bilo kojem obliku ili na bilo koji način bez odgovarajućeg pisanog pristanka izdavača i vlasnika autorskih prava, osim kratkih citata korištenih u recenziji. Ovu knjigu ne treba smatrati zamjenom za medicinske, pravne ili druge stručne savjete.

SADRŽAJ

SADRŽAJ 3
UVOD 6
OSNOVNI RECEPT 7
1. Osnovno dizano tijesto za krafne 8
VEGE KRAFNE 10
2. Mini proteinske krafne od bundeve 11
3. Ube krafne sa glazurom od kokosa 13
4. Pečene krafne za kolač od mrkve 15
5. Uštipci od špinata i fete 17
6. Krafne s tikvicama i cheddarom 19
7. Uštipci od batata i kokosa 21
8. Krafne od cikle i tamne čokolade 23
9. Uštipci od kolača od mrkve 25
10. Uštipci od batata 27
11. Krafne od tikvica i čokolade 29
12. Uštipci od bundeve i mlijeka 31
13. Krafne od cikle i čokolade 33
14. Butternut Squash Spice Donuts 35
15. Brokula i Cheddar krafne 37
16. Uštipci od kelja i češnjaka 39
KRAFNE OD SIRA 41
17. Tiramisu krafne 42
18. Mini ricotta krafne punjene Nutellom 45
19. Cheddar i Jalapeño krafne sa sirom 47
20. Uštipci s plavim sirom i slaninom 49
21. Krafne s kozjim sirom i smokvama 51
22. Uštipci od fete i špinata 53
23. Gouda i krafne sa šunkom 55
ZAČINJENE KRAFNE 57
24. Proteinske krafne s cimetom 58
25. Začinjene španjolske krafne 60
26. Muškatni muffini s krafnama 62
27. Jabukovača Paleo krafne 64
28. Krafne s cimetom i šećerom 66
29. Uštipci od medenjaka 68
30. Krafne začinjene kardamomom 70
31. Uštipci od jabukovače 72
32. Krafne sa začinima od bundeve 74
ČOKOLADNE KRAFNE 76

33. Čokoladni kolač Krafne 77
34. Pečene Oreo krafne 79
35. Oreo čokoladna krafna 81
36. Cannoli krafne s čokoladom 83
37. Glazirane pahuljaste čokoladne krafne 86
38. Pečene krafne od crvenog baršuna 88
39. Krafne s kakaom i moringom 90
CVJETNE KRAFNE 93
40. Butterfly Pea Glazirane krafne 94
41. Medene krafne od lavande 96
42. Krafne s ružinom vodicom 98
43. Uštipci od bazge 100
44. Krafne od kamilice i limuna 102
45. Krafne s cvijetom naranče 104
46. Violet Vanilla Donuts 106
47. Glazirane krafne od bazge 108
48. Medene krafne od kamilice 110
VOĆNE KRAFNE 112
49. Krafne od višanja i čokolade 113
50. Ananas Baileys krafne 115
51. Uštipci od juzu-skute 117
52. Uštipci od limuna s pistacijama 120
53. Passionfruit Curd Donuts 123
54. Uštipci za tortu od borovnica 127
KRAFNE SA SJEMENIMA 129
55. Uštipci s limunovim makom 130
56. Uštipci od cjelovitih sjemenki bundeve 132
57. Krafne s chia sjemenkama 135
58. Krafne sa sjemenkama sezama 137
59. Uštipci s makom 139
60. Uštipci od lanenog sjemena 141
61. Uštipci od suncokretovih sjemenki 143
KRAFNE OD OREHA 145
62. Krafna s vrhom lješnjaka 146
63. Pečene krafne s prženim kokosom 148
64. Uštipci od javorovog oraha 151
65. Krafne radosti od badema 153
66. Krafne s maslacem od kikirikija 155
67. Mocha krafne s lješnjacima 157
68. Uštipci od pistacija 159
69. Karamel krafne od oraha 161

PEKMEZ I ŽELE 163
70. Uštipci s džemom 164
71. Schwarzwaldske krafne s džemom od trešanja 166
72. Žele krafne od malina i krem sira 169
73. Lemon Curd Donuts 171
74. Uštipci glazirani od kupina 174
75. Uštipci s karamelom i jabukama 177
76. Uštipci punjeni Nutellom 180

BOOZY DONUTS 183
77. Pržene Baileys pečene krafne 184
78. Margarita krafne 187
79. Uštipci s rakijom i džemom 190
80. Irske krafne od kave 193
81. Krafne sa slaninom od bourbon javora 195
82. Šampanjac maline krafne 197
83. Kahlua čokoladne krafne 199
84. Rum karamel glazirane krafne 201
85. Tequila Lime Donuts 203
86. Baileys čokoladne krafne 205
87. Uštipci s rumom i grožđicama 207
88. Krafne s mimozom 209
89. Guinnessove čokoladne čvrste krafne 211

ŽITARICE I MAHUNARKE 213
90. Uštipci od kukuruznog kruha 214
91. Krafne s kvinojom i crnim grahom 216
92. Uštipci od brašna od slanutka i povrća 218
93. Krafne od leće i smeđe riže 220
94. Uštipci od prosa i slanutka 222
95. Uštipci od heljde i crvene leće 224
96. Krafne od slanutka i batata 226
97. Uštipci od leće i kvinoje 228
98. Krafne od crnog graha i smeđe riže 230
99. Krafne od brašna od kvinoje i slanutka 232
100. Uštipci od leće i heljde 234

ZAKLJUČAK 236

UVOD

Dobrodošli u svijet domaćih krafni! Ova kuharica puna je ukusnih i jednostavnih recepata za krafne koji će zadovoljiti vašu želju za slatkim i impresionirati vaše prijatelje i obitelj. Od klasičnih glaziranih krafni do jedinstvenih krafni s miješanim sastojcima, u ovoj kuharici ima za svakoga ponešto.

Izrada krafni kod kuće može izgledati zastrašujuće, ali s pravim alatima i sastojcima, zabavno je i korisno iskustvo. Ne samo da su domaće krafne izvrsnog okusa, već imate i zadovoljstvo stvarati nešto od nule. Dakle, uzmite pregaču, zagrijte pećnicu ili tavu i počnimo!

OSNOVNI RECEPT

1. Osnovno dizano tijesto za krafne

SASTOJCI:
- ½ šalice maslaca ili nekog drugog masti
- ¼ šalice šećera
- 1 šalica kuhanog mlijeka
- ½ žličice vanilije
- ¾ žličice soli
- 4 šalice brašna
- 1 unca komprimiranog kvasca
- 2 žlice vode
- 2 jaja, dobro umućena

UPUTE:
a) Preko maslaca i šećera prelijte kuhano mlijeko. Posoliti.
b) Kad se otopi dodajte umućeno jaje i vaniliju.
c) Kad je mlako dodati kvasac razmućen sa 2 žlice vode.
d) Dodavati malo po malo prosijanog višenamjenskog brašna da se umijesi mekano tijesto.
e) Kad se tijesto učvrstilo, žlicom vadite tijesto na pobrašnjenu dasku i dodajte toliko brašna da dobijete mekano tijesto.

VEGE KRAFNE

2.Mini proteinske krafne od bundeve

SASTOJCI:
- 1 šalica bijelog integralnog brašna
- ½ šalice proteina sirutke u prahu od vanilije
- ⅓ šalice čvrsto upakiranog svijetlosmeđeg šećera
- 1 ½ žličice praška za pecivo
- 1 žličica začina za pitu od bundeve
- ¼ žličice košer soli
- 1 šalica konzerviranog pirea od bundeve
- 3 žlice neslanog maslaca, otopljenog
- 2 veća bjelanjka
- 2 žlice 2% mlijeka
- 1 žličica mljevenog cimeta
- ⅓ šalice granuliranog šećera
- 2 žlice neslanog maslaca, otopljenog

UPUTE:
a) Zagrijte pećnicu na 350 stupnjeva F. Premažite posude kalupa za krafne neljepljivim sprejem.
b) U velikoj zdjeli pomiješajte brašno, proteinski prah, smeđi šećer, prašak za pecivo, začin za pitu od bundeve i sol.
c) U velikoj staklenoj mjernoj posudi ili drugoj zdjeli pjenasto izmiješajte bundevu, maslac, bjelanjke i mlijeko.
d) Prelijte mokru smjesu preko suhih sastojaka i miješajte gumenom lopaticom dok ne postane vlažna.
e) Zagrabite tijesto ravnomjerno u kalup za krafne. Pecite 8 do 10 minuta dok krafne lagano ne porumene i ne poskoče na dodir. Ohladite 5 minuta.
f) Pomiješajte cimet i šećer u maloj posudi. Svaku krafnu umočite u otopljeni maslac, a zatim u cimet šećer.
g) Poslužite toplo ili na sobnoj temperaturi. Čuvati u hermetički zatvorenoj posudi do 5 dana.

3.Ube krafne s glazurom od kokosa

SASTOJCI:
ZA KRAFNU
- ¼ šalice biljnog ulja
- ½ šalice mlaćenice
- 2 velika jaja
- ½ šalice šećera
- ½ žličice soli
- 1 žličica praška za pecivo
- 2 žličice ekstrakta ube
- 1 šalica namjenskog brašna

ZA GLADURU
- 2 šalice šećera u prahu
- 4 žlice kokosovog mlijeka
- 1 žlica mlijeka
- ¼-½ žličice ekstrakta Ube
- ½ šalice nezaslađenog naribanog kokosa

UPUTE:
a) Zagrijte pećnicu na 350 stupnjeva.
b) Posudu za krafne poprskajte neljepljivim sprejem.
c) Pomiješajte ulje, mlaćenicu, jaja, šećer, sol, prašak za pecivo i ekstrakt ube dok se ne sjedine.
d) Umiješajte brašno i miješajte dok ne postane glatko. Žlicom stavljajte tijesto u krafnu do otprilike ¾ pune.
e) Pecite krafne 15 minuta.
f) Izvadite iz pećnice, ostavite da se ohlade 5 minuta, zatim izvadite krafne iz kalupa.
g) dok se hlade napravite glazuru miješajući šećer u prahu, mlijeko i ekstrakt ubea.
h) kad se ohlade, umočite svaku krafnu do pola u glazuru i stavite na rešetku da se osuši. Po želji pospite ljuspicama kokosa.

4. Pečene krafne od kolača od mrkve

SASTOJCI:
- ⅓ šalice mlaćenice
- 1 žličica bijelog octa
- 45 g otopljenog maslaca n ohlađenog
- 1 šalica višenamjenskog brašna
- 1 žličica praška za pecivo
- ½ žličice cimeta
- ½ žličice muškatnog oraščića
- ¼ žličice soli
- ¼ šalice šećera
- 2 žlice meda
- 1 veliko jaje
- 1 žličica ekstrakta vanilije
- ½ šalice mrkve

UPUTE:
a) Zagrijte pećnicu na 200 stupnjeva. Namastite kalup za krafne ili napravite sami. Ja sam koristila kalup za muffine i koristila nastavke umotane u aluminijsku foliju
b) Pripremite sve sastojke i sastavite ih u svom radnom prostoru
c) U velikoj zdjeli pjenjačom pomiješajte mlijeko, ocat, otopljeni maslac, med, šećer, jaje i vaniliju.
d) Dodajte mrkvu i dobro promiješajte
e) Dodajte prosijano brašno zajedno s pečenjem, a zatim pomiješajte začine dok se dobro ne sjedine
f) Napunite vrećicu za tijesto tijestom od mrkve, ravnomjerno rasporedite tijesto po tepsiji puneći otprilike ⅔
g) Pecite 12-15 minuta ili dok ne porumene. Ostavite da se ohladi nekoliko minuta u kalupu, a zatim ga prebacite na rešetku da se potpuno ohladi.
h) Za dekoraciju: bijelu čokoladu otopiti na pari i preliti preko krafni.
i) Ukrasite sušenim kokosom i posipom
j) Uživajte uz omiljeno piće.

5.Špinat i feta krafne

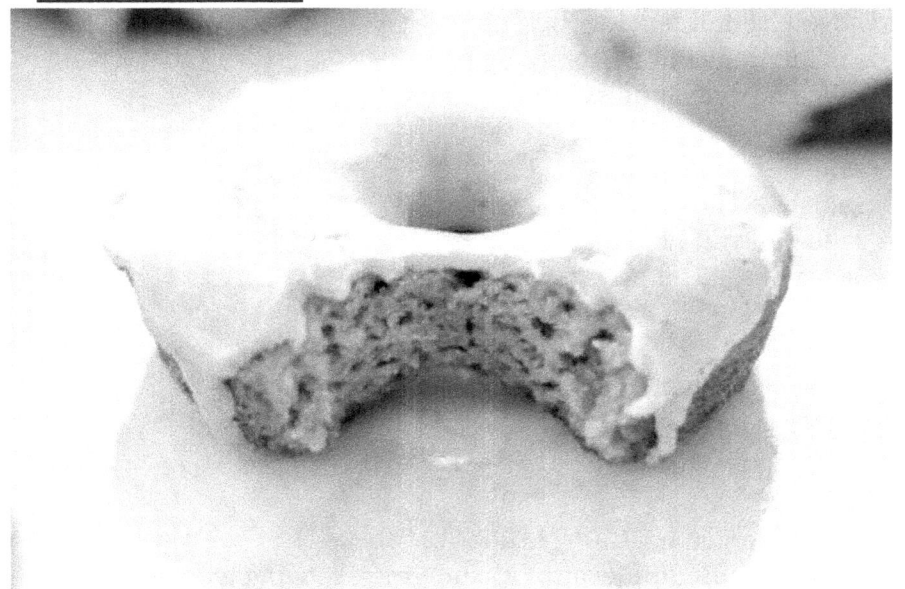

SASTOJCI:
- 1 šalica višenamjenskog brašna
- ½ šalice integralnog pšeničnog brašna
- ½ šalice nasjeckanog svježeg špinata
- ½ šalice izmrvljenog feta sira
- ⅓ šalice mlijeka
- ⅓ šalice običnog grčkog jogurta
- ¼ šalice maslinovog ulja
- 1 žličica praška za pecivo
- ½ žličice sode bikarbone
- ¼ žličice soli
- 2 češnja češnjaka, mljevena
- ¼ žličice crnog papra

UPUTE:
a) Zagrijte pećnicu na 350°F (180°C).
b) U velikoj zdjeli pomiješajte brašno, prašak za pecivo, sodu bikarbonu, sol i crni papar.
c) U drugoj zdjeli pomiješajte nasjeckani špinat, izmrvljeni feta sir, mlijeko, grčki jogurt, maslinovo ulje, nasjeckani češnjak.
d) Dodajte mokre sastojke suhim sastojcima i miješajte dok se ne sjedine.
e) Žlicom stavite tijesto u podmazan kalup za krafne i pecite 12-15 minuta, ili dok čačkalica zabodena u sredinu ne izađe čista.
f) Ostavite da se ohladi u tavi 5 minuta prije nego što je izvadite na rešetku da se potpuno ohladi.

6.Tikvice i Cheddar krafne

SASTOJCI:
- 1 šalica višenamjenskog brašna
- ½ šalice integralnog pšeničnog brašna
- ½ šalice naribane tikvice
- ½ šalice nasjeckanog cheddar sira
- ⅓ šalice mlijeka
- ¼ šalice maslinovog ulja
- 1 žličica praška za pecivo
- ½ žličice sode bikarbone
- ¼ žličice soli
- ¼ žličice crnog papra
- ¼ žličice češnjaka u prahu

UPUTE:
a) Zagrijte pećnicu na 350°F (180°C).
b) U velikoj zdjeli pomiješajte brašno, prašak za pecivo, sodu bikarbonu, sol, crni papar i češnjak u prahu.
c) U drugoj zdjeli pomiješajte naribane tikvice, nasjeckani cheddar sir, mlijeko i maslinovo ulje.
d) Dodajte mokre sastojke suhim sastojcima i miješajte dok se ne sjedine.
e) Žlicom stavite tijesto u podmazan kalup za krafne i pecite 12-15 minuta, ili dok čačkalica zabodena u sredinu ne izađe čista.
f) Ostavite da se ohladi u tavi 5 minuta prije nego što je izvadite na rešetku da se potpuno ohladi.

7.Krafne od slatkog krumpira i kokosa

SASTOJCI:
- 1 šalica višenamjenskog brašna
- ½ šalice integralnog pšeničnog brašna
- ½ šalice pirea od slatkog krumpira
- ½ šalice kokosovog mlijeka
- ⅓ šalice smeđeg šećera
- ¼ šalice biljnog ulja
- 1 žličica praška za pecivo
- ½ žličice sode bikarbone
- ¼ žličice soli
- ¼ žličice mljevenog đumbira
- ¼ žličice mljevenog cimeta

UPUTE:
a) Zagrijte pećnicu na 350°F (180°C).
b) U velikoj zdjeli pomiješajte brašno, prašak za pecivo, sodu bikarbonu, sol, mljeveni đumbir i mljeveni cimet.
c) U drugoj zdjeli pomiješajte pire od batata, kokosovo mlijeko, smeđi šećer i biljno ulje.
d) Dodajte mokre sastojke suhim sastojcima i miješajte dok se ne sjedine.
e) Žlicom stavite tijesto u podmazan kalup za krafne i pecite 12-15 minuta, ili dok čačkalica zabodena u sredinu ne izađe čista.
f) Ostavite da se ohladi u tavi 5 minuta prije nego što je izvadite na rešetku da se potpuno ohladi.

8.Krafne od cikle i tamne čokolade

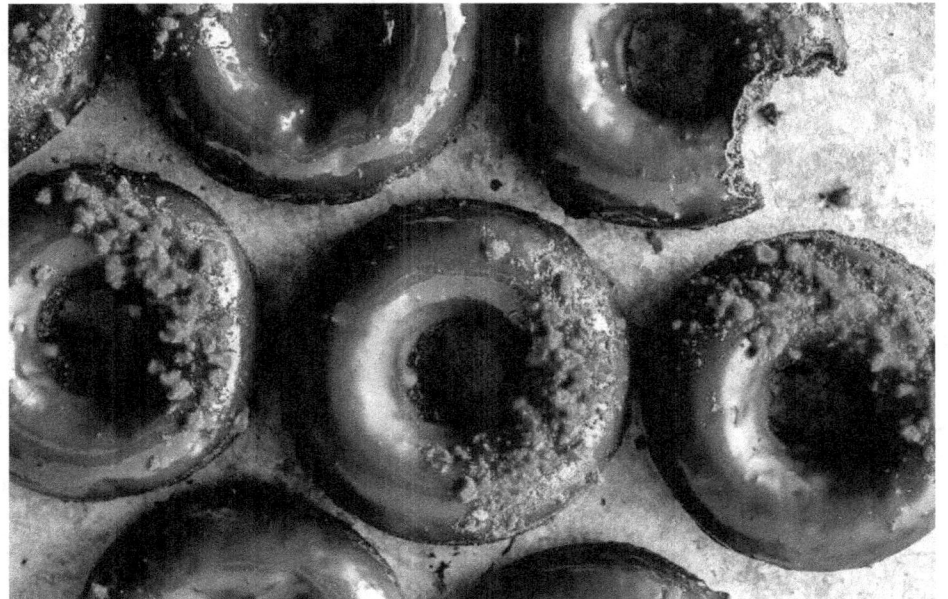

SASTOJCI:
- 1 šalica višenamjenskog brašna
- ½ šalice integralnog pšeničnog brašna
- ½ šalice naribane sirove cikle
- ⅓ šalice meda
- ¼ šalice biljnog ulja
- ¼ šalice nezaslađenog kakaa u prahu
- 1 žličica praška za pecivo
- ½ žličice sode bikarbone
- ¼ žličice soli
- ¼ šalice komadića tamne čokolade

UPUTE:
a) Zagrijte pećnicu na 350°F (180°C).
b) U velikoj zdjeli pomiješajte brašno, prašak za pecivo, sodu bikarbonu, sol i kakao prah.
c) U drugoj zdjeli pomiješajte naribanu ciklu, med, biljno ulje i komadiće tamne čokolade.
d) Dodajte mokre sastojke suhim sastojcima i miješajte dok se ne sjedine.
e) Žlicom stavite tijesto u podmazan kalup za krafne i pecite 12-15 minuta, ili dok čačkalica zabodena u sredinu ne izađe čista.
f) Ostavite da se ohladi u tavi 5 minuta prije nego što je izvadite na rešetku da se potpuno ohladi.

9.Uštipci za tortu od mrkve

SASTOJCI:
1 1/2 šalice višenamjenskog brašna
1/2 šalice granuliranog šećera
1 1/2 žličice praška za pecivo
1/2 žličice sode bikarbone
1/2 žličice mljevenog cimeta
1/4 žličice mljevenog muškatnog oraščića
1/4 žličice soli
3/4 šalice naribane mrkve
1/2 šalice nezaslađenog umaka od jabuka
1/4 šalice biljnog ulja
1/4 šalice bademovog mlijeka
1 žličica ekstrakta vanilije

UPUTE:
Zagrijte pećnicu na 350°F (175°C) i namastite kalup za krafne.
U zdjeli za miješanje pjenasto pomiješajte brašno, šećer, prašak za pecivo, sodu bikarbonu, cimet, muškatni oraščić i sol.
Suhim sastojcima dodajte naribanu mrkvu, umak od jabuka, biljno ulje, bademovo mlijeko i ekstrakt vanilije. Miješajte dok se dobro ne sjedini.
Žlicom stavljajte tijesto u pripremljeni kalup za krafne, ispunjavajući svaku udubinu otprilike do 2/3.
Pecite 12-15 minuta ili dok čačkalica zabodena u krafne ne izađe čista.
Ostavite krafne da se ohlade u kalupu nekoliko minuta prije nego što ih prebacite na rešetku da se potpuno ohlade.

10. Krafne od slatkog krumpira

SASTOJCI:
1 šalica kuhanog i zgnječenog slatkog krumpira
1/2 šalice bademovog mlijeka
1/4 šalice javorovog sirupa
2 žlice otopljenog kokosovog ulja
1 žličica ekstrakta vanilije
1 šalica višenamjenskog brašna
1 žličica praška za pecivo
1/2 žličice sode bikarbone
1/2 žličice mljevenog cimeta
1/4 žličice mljevenog muškatnog oraščića
1/4 žličice soli

UPUTE:
Zagrijte pećnicu na 350°F (175°C) i namastite kalup za krafne.
U zdjeli pomiješajte pire od slatkog krumpira, bademovo mlijeko, javorov sirup, rastopljeno kokosovo ulje i ekstrakt vanilije.
U posebnoj zdjeli pomiješajte višenamjensko brašno, prašak za pecivo, sodu bikarbonu, cimet, muškatni oraščić i sol.
Postupno dodajte suhe sastojke mokrim sastojcima, miješajući dok se ne sjedine.
Žlicom stavljajte tijesto u pripremljeni kalup za krafne, ispunjavajući svaku udubinu otprilike do 2/3.
Pecite 12-15 minuta ili dok čačkalica zabodena u krafne ne izađe čista.
Ostavite krafne da se ohlade u kalupu nekoliko minuta prije nego što ih prebacite na rešetku da se potpuno ohlade.

11. Krafne od tikvica i čokolade

SASTOJCI:
1 šalica nasjeckanih tikvica
1/2 šalice nezaslađenog umaka od jabuka
1/4 šalice javorovog sirupa
2 žlice otopljenog kokosovog ulja
1 žličica ekstrakta vanilije
1 šalica višenamjenskog brašna
1/4 šalice kakaa u prahu
1/2 žličice praška za pecivo
1/2 žličice sode bikarbone
1/4 žličice soli
1/4 šalice veganskog čokoladnog čipsa

UPUTE:
Zagrijte pećnicu na 350°F (175°C) i namastite kalup za krafne.
U zdjeli pomiješajte narezane tikvice, umak od jabuka, javorov sirup, otopljeno kokosovo ulje i ekstrakt vanilije.
U posebnoj zdjeli pomiješajte višenamjensko brašno, kakao prah, prašak za pecivo, sodu bikarbonu i sol.
Postupno dodajte suhe sastojke mokrim sastojcima, miješajući dok se ne sjedine.
Ubacite komadiće čokolade.
Žlicom stavljajte tijesto u pripremljeni kalup za krafne, ispunjavajući svaku udubinu otprilike do 2/3.
Pecite 12-15 minuta ili dok čačkalica zabodena u krafne ne izađe čista.
Ostavite krafne da se ohlade u kalupu nekoliko minuta prije nego što ih prebacite na rešetku da se potpuno ohlade.

12. Uštipci od bundeve i mlijeka

SASTOJCI:
1 šalica pirea od bundeve
1/2 šalice bademovog mlijeka
1/4 šalice javorovog sirupa
2 žlice otopljenog kokosovog ulja
1 žličica ekstrakta vanilije
1 1/2 šalice višenamjenskog brašna
1 žličica praška za pecivo
1/2 žličice sode bikarbone
1/2 žličice mljevenog cimeta
1/4 žličice soli

UPUTE:
Zagrijte pećnicu na 350°F (175°C) i namastite kalup za krafne.
U zdjeli pomiješajte pire od bundeve, bademovo mlijeko, javorov sirup, rastopljeno kokosovo ulje i ekstrakt vanilije.
U posebnoj zdjeli pomiješajte višenamjensko brašno, prašak za pecivo, sodu bikarbonu, cimet i sol.
Postupno dodajte suhe sastojke mokrim sastojcima, miješajući dok se ne sjedine.
Žlicom stavljajte tijesto u pripremljeni kalup za krafne, ispunjavajući svaku udubinu otprilike do 2/3.
Pecite 12-15 minuta ili dok čačkalica zabodena u krafne ne izađe čista.
Ostavite krafne da se ohlade u kalupu nekoliko minuta prije nego što ih prebacite na rešetku da se potpuno ohlade.

13.Krafne od cikle i čokolade

SASTOJCI:
1 šalica kuhane i pasirane cikle
1/2 šalice bademovog mlijeka
1/4 šalice javorovog sirupa
2 žlice otopljenog kokosovog ulja
1 žličica ekstrakta vanilije
1 šalica višenamjenskog brašna
1/4 šalice kakaa u prahu
1/2 žličice praška za pecivo
1/2 žličice sode bikarbone
1/4 žličice soli

UPUTE:
Zagrijte pećnicu na 350°F (175°C) i namastite kalup za krafne.
U zdjeli pomiješajte pasiranu ciklu, bademovo mlijeko, javorov sirup, otopljeno kokosovo ulje i ekstrakt vanilije.
U posebnoj zdjeli pomiješajte višenamjensko brašno, kakao prah, prašak za pecivo, sodu bikarbonu i sol.
Postupno dodajte suhe sastojke mokrim sastojcima, miješajući dok se ne sjedine.
Žlicom stavljajte tijesto u pripremljeni kalup za krafne, ispunjavajući svaku udubinu otprilike do 2/3.
Pecite 12-15 minuta ili dok čačkalica zabodena u krafne ne izađe čista.
Ostavite krafne da se ohlade u kalupu nekoliko minuta prije nego što ih prebacite na rešetku da se potpuno ohlade.

14. Butternut squash začinske krafne

SASTOJCI:
1 šalica kuhane i zgnječene butternut tikve
1/2 šalice bademovog mlijeka
1/4 šalice javorovog sirupa
2 žlice otopljenog kokosovog ulja
1 žličica ekstrakta vanilije
1 1/2 šalice višenamjenskog brašna
1 žličica praška za pecivo
1/2 žličice sode bikarbone
1/2 žličice mljevenog cimeta
1/4 žličice mljevenog muškatnog oraščića
1/4 žličice mljevenog klinčića
1/4 žličice soli

UPUTE:
Zagrijte pećnicu na 350°F (175°C) i namastite kalup za krafne.
U zdjeli pomiješajte zgnječenu butternut tikvicu, bademovo mlijeko, javorov sirup, rastopljeno kokosovo ulje i ekstrakt vanilije.
U posebnoj zdjeli pomiješajte višenamjensko brašno, prašak za pecivo, sodu bikarbonu, cimet, muškatni oraščić, klinčiće i sol.
Postupno dodajte suhe sastojke mokrim sastojcima, miješajući dok se ne sjedine.
Žlicom stavljajte tijesto u pripremljeni kalup za krafne, ispunjavajući svaku udubinu otprilike do 2/3.
Pecite 12-15 minuta ili dok čačkalica zabodena u krafne ne izađe čista.
Ostavite krafne da se ohlade u kalupu nekoliko minuta prije nego što ih prebacite na rešetku da se potpuno ohlade.

15.Brokula i Cheddar krafne

SASTOJCI:
1 1/2 šalice višenamjenskog brašna
1/2 šalice kukuruznog brašna
1 žlica praška za pecivo
1/2 žličice soli
1 šalica nasjeckane brokule kuhane na pari
1/2 šalice ribanog cheddar sira
1/4 šalice biljnog ulja
1/2 šalice bademovog mlijeka
1 žlica prehrambenog kvasca (po želji)

UPUTE:
Zagrijte pećnicu na 350°F (175°C) i namastite kalup za krafne.
U zdjeli za miješanje pomiješajte višenamjensko brašno, kukuruznu krupicu, prašak za pecivo i sol.
Dodajte nasjeckanu brokulu, naribani cheddar sir, biljno ulje, bademovo mlijeko i prehrambeni kvasac (ako koristite). Miješajte dok se dobro ne sjedini.
Žlicom stavljajte tijesto u pripremljeni kalup za krafne, ispunjavajući svaku udubinu otprilike do 2/3.
Pecite 12-15 minuta ili dok čačkalica zabodena u krafne ne izađe čista.
Ostavite krafne da se ohlade u kalupu nekoliko minuta prije nego što ih prebacite na rešetku da se potpuno ohlade.

16. Uštipci od kelja i češnjaka

SASTOJCI:
1 1/2 šalice višenamjenskog brašna
1/2 šalice kukuruznog brašna
1 žlica praška za pecivo
1/2 žličice soli
1 šalica nasjeckanog kelja (blanširanog i ocijeđenog)
2 češnja češnjaka, mljevena
1/4 šalice maslinovog ulja
1/2 šalice bademovog mlijeka

UPUTE:
Zagrijte pećnicu na 350°F (175°C) i namastite kalup za krafne.
U zdjeli za miješanje pomiješajte višenamjensko brašno, kukuruznu krupicu, prašak za pecivo i sol.
Dodajte nasjeckani kelj, nasjeckani češnjak, maslinovo ulje i bademovo mlijeko. Miješajte dok se dobro ne sjedini.
Žlicom stavljajte tijesto u pripremljeni kalup za krafne, ispunjavajući svaku udubinu otprilike do 2/3.
Pecite 12-15 minuta ili dok čačkalica zabodena u krafne ne izađe čista.
Ostavite krafne da se ohlade u kalupu nekoliko minuta prije nego što ih prebacite na rešetku da se potpuno ohlade.

KRAFNE OD SIRA

17. Tiramisu krafne

SASTOJCI:
ZA KVASNE KRAFNE
- ½ šalice tople vode
- 2 i ¼ žličice aktivnog suhog kvasca
- ½ šalice toplog mlaćenice
- 1 veliko jaje, istučeno
- ¼ šalice otopljenog maslaca
- ¼ šalice šećera
- ½ žličice soli
- 3 šalice višenamjenskog brašna, plus dodatak za miješenje

ZA KREM PUNJENJE OD KAVE
- ¾ šalice vrhnja za šlag, hladno
- ½ šalice šećera u prahu
- 1 žličica vanilije
- ¾ šalice mascarpone sira
- 2 žlice kuhane kave, hladne

ZA GLAZURU OD BIJELE ČOKOLADE
- 150 grama bijele čokolade
- 4 žlice vrhnja za šlag
- kakao prah za posipanje vrhova krafni

UPUTE:
a) U zdjelu za miješanje dodajte toplu vodu. Pospite kvasac i oko 1 žličicu šećera. Ostavite ovu smjesu da odstoji 5-7 minuta ili dok ne postane pjenasta. Dodajte mlaćenicu, jaje, otopljeni maslac, preostali šećer i sol. Sve miješajte drvenom kuhačom dok se sve ne sjedini.

b) Dodajte 3 šalice brašna, jednu po jednu, i miješajte dok se smjesa ne počne stvarati dlakavu masu. Nastavite miješati dok se u sredini ne formira rahlo tijesto.

c) Čistu radnu površinu pospite brašnom. Okrenite tijesto i mijesite dok ne postane glatko i elastično, posipajte ruke i dasku brašnom po potrebi. Da biste to provjerili, izvadite mali dio tijesta u ruku i razvucite ga prstima u obliku kvadrata. Tijesto treba formirati proziran film u sredini. Ovo je također poznato kao test okna prozora. Umiješeno tijesto oblikujte u kuglu. Stavite ga u zdjelu i prekrijte čistim ručnikom. Pustite da se diže 1 i pol do 2 sata ili dok se ne udvostruči. U međuvremenu, izrežite 12-14 komada četvrtastog pergament papira koji su oko 4-5 inča.

d) Nakon što se tijesto diglo, lagano ispuhnite tijesto. Na lagano pobrašnjenoj površini razvaljajte jedan dio tijesta u grubi pravokutnik debljine ½ inča. Koristeći kalup za kekse promjera 3 inča izrežite što više krugova iz tijesta. Ponovite s drugom polovicom tijesta.

e) Svako oblikovano tijesto stavite na četvrtasti papir za pečenje i složite u veliki pleh. Lagano pokrijte tavu čistom kuhinjskom krpom i ostavite da se ponovno diže 30-40 minuta ili dok ne postane mekana i napuhana.

f) Prethodno zagrijte oko 3-4 inča ulja kanole na širokoj tavi s debelim dnom. Kada ulje dosegne 350 F, spuštajte 2-3 krafne odjednom, pažljivo ih oslobađajući od papira za pečenje, i pržite dok ne porumene sa svake strane, oko 1-3 minute ukupno. Krafne brzo porumene, stoga ih pažljivo promatrajte. Ispržene krafne ocijedite na rešetki koja se nalazi na limu za pečenje obloženom papirnatim ručnikom. Ostavite ih da se potpuno ohlade prije punjenja.

NAPRAVITE NADJEV ZA TIRAMISU

g) U zdjeli samostojećeg miksera pomiješajte vrhnje za šlag, šećer u prahu i ekstrakt vanilije. Tucite smjesu pomoću nastavka za mućenje dok ne postane gusta i pahuljasta. Dodajte mascarpone sir i hladnu kavu i tucite dok se ne sjedini.

h) Premjestite kremu u vrećicu s nastavkom ili u prešu za kekse s nastavkom za punjenje.

i) Prstom ili nastavkom za cijevi izbušite rupu duž bočne strane krafne. Prstima napravite šupljinu unutar krafne tako što ćete zamahnuti unutra. Stavite malo tiramisu kreme unutra dok se krafne ne prošire.

NAPRAVITE GLAZURU OD BIJELE ČOKOLADE

j) Nasjeckajte čokoladu na male komadiće i stavite je u široku zdjelu otpornu na toplinu. Ulijte vrhnje za šlag u zdjelu prikladnu za mikrovalnu pećnicu i zagrijavajte ga u mikrovalnoj pećnici dok sa strane ne počnu mjehurići oko 15-30 sekundi

18. Mini ricotta krafne punjene Nutellom

SASTOJCI:

- Canola ulje (za duboko prženje)
- ¾ šalice višenamjenskog brašna
- 2 žličice praška za pecivo
- ¼ žličice soli
- 1 šalica ricotta sira
- 2 velika jaja
- 2 žlice granuliranog šećera
- 2 žličice ekstrakta vanilije
- ½ šalice Nutelle
- Šećer u prahu (po želji)

UPUTE:

a) U maloj posudi pomiješajte brašno, prašak za pecivo i sol; Staviti na stranu.
b) U velikoj zdjeli za miješanje pomiješajte ricotta sir, jaja, šećer i vaniliju. Dodajte suhe sastojke i miješajte dok se dobro ne sjedini.
c) Ulijte ulje kanole u duboki lonac s debelim dnom, dubok oko 1½ inča. Zagrijte ulje na oko 370°F, koristeći termometar za prženje.
d) Nježno ubacite kuglice tijesta veličine žlice u ulje, lagano spuštajući kako biste dobili što okrugliju kuglicu. Pržite 4-5 odjednom, povremeno okrećući, dok ne porumene, 3-4 minute. Uz pomoć hvataljki prebacite krafne na papirnati ubrus da se ocijede. Ponavljati dok se tijesto ne potroši. Ostavite krafne da se ohlade dok ne budu lake za rukovanje.
e) Prebacite Nutellu u štrcaljku ili vrećicu s dugim, šiljastim vrhom. Može biti korisno da Nutellu prvo zagrijete u mikrovalnoj pećnici oko 30 sekundi. Probušite malu rupu u krafnama, zatim umetnite štrcaljku i napunite Nutellom. Količine će varirati, ali trebali biste imati dobar osjećaj koliko Nutelle ide u svaku. Ponovite sa svim krafnama.
f) Po želji pospite šećerom u prahu i poslužite.

19. Cheddar i Jalapeño krafne sa sirom

SASTOJCI:

- 2 šalice višenamjenskog brašna
- 1 žlica praška za pecivo
- ½ žličice soli
- ¼ šalice neslanog maslaca, otopljenog
- 1 šalica mlijeka
- 2 velika jaja
- ½ šalice nasjeckanog cheddar sira
- ¼ šalice ukiseljenog jalapeña, nasjeckanog

UPUTE:

a) Zagrijte pećnicu na 375°F (190°C) i namastite kalup za krafne sprejom za kuhanje.
b) U posudi za miješanje pomiješajte brašno, prašak za pecivo i sol.
c) U posebnoj zdjeli pomiješajte otopljeni maslac, mlijeko i jaja.
d) Dodajte mokre sastojke suhim sastojcima i miješajte dok se dobro ne sjedine.
e) Umiješajte nasjeckani sir cheddar i nasjeckani jalapeño.
f) Žlicom stavljajte tijesto u pripremljeni kalup za krafne, ispunjavajući svaki kalup otprilike ¾.
g) Pecite 12-15 minuta ili dok krafne ne porumene.
h) Izvadite iz pećnice i ostavite da se ohladi 5 minuta prije nego što je izvadite iz posude.

20. Uštipci s plavim sirom i slaninom

SASTOJCI:

- 2 šalice višenamjenskog brašna
- 1 žlica praška za pecivo
- ½ žličice soli
- ¼ šalice neslanog maslaca, otopljenog
- 1 šalica mlijeka
- 2 velika jaja
- ½ šalice izmrvljenog plavog sira
- ¼ šalice kuhane slanine, izmrvljene

UPUTE:

a) Zagrijte pećnicu na 375°F (190°C) i namastite kalup za krafne sprejom za kuhanje.
b) U posudi za miješanje pomiješajte brašno, prašak za pecivo i sol.
c) U posebnoj zdjeli pomiješajte otopljeni maslac, mlijeko i jaja.
d) Dodajte mokre sastojke suhim sastojcima i miješajte dok se dobro ne sjedine.
e) Umiješajte izmrvljeni plavi sir i kuhanu slaninu.
f) Žlicom stavljajte tijesto u pripremljeni kalup za krafne, ispunjavajući svaki kalup otprilike ¾.
g) Pecite 12-15 minuta ili dok krafne ne porumene.
h) Izvadite iz pećnice i ostavite da se ohladi 5 minuta prije nego što je izvadite iz posude.

21. Uštipci s kozjim sirom i smokvama

SASTOJCI:

- 2 šalice višenamjenskog brašna
- 1 žlica praška za pecivo
- ½ žličice soli
- ¼ šalice neslanog maslaca, otopljenog
- 1 šalica mlijeka
- 2 velika jaja
- ½ šalice izmrvljenog kozjeg sira
- ¼ šalice suhih smokava, nasjeckanih

UPUTE:

a) Zagrijte pećnicu na 375°F (190°C) i namastite kalup za krafne sprejom za kuhanje.
b) U posudi za miješanje pomiješajte brašno, prašak za pecivo i sol.
c) U posebnoj zdjeli pomiješajte otopljeni maslac, mlijeko i jaja.
d) Dodajte mokre sastojke suhim sastojcima i miješajte dok se dobro ne sjedine.
e) Umiješajte izmrvljeni kozji sir i nasjeckane suhe smokve.
f) Žlicom stavljajte tijesto u pripremljeni kalup za krafne, ispunjavajući svaki kalup otprilike ¾.
g) Pecite 12-15 minuta ili dok krafne ne porumene.
h) Izvadite iz pećnice i ostavite da se ohladi 5 minuta prije nego što je izvadite iz posude.

22. Feta i špinat krafne

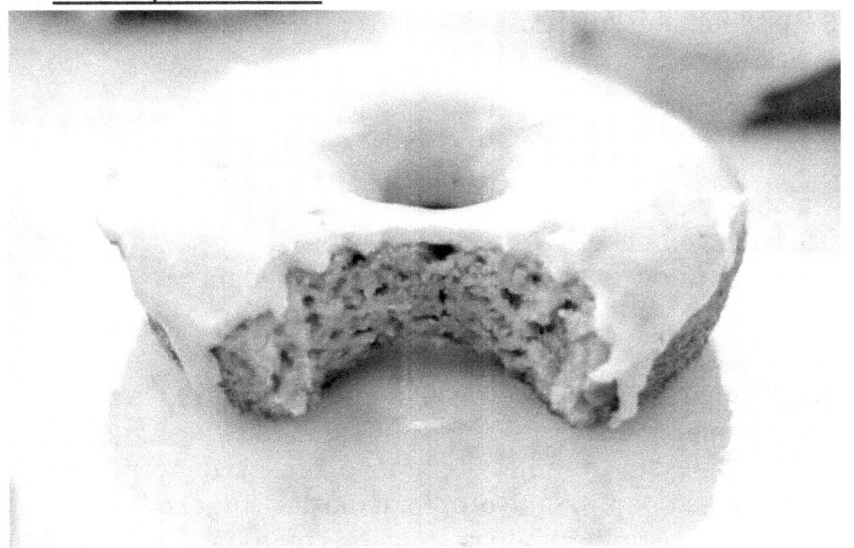

SASTOJCI:
- 2 šalice višenamjenskog brašna
- 1 žlica praška za pecivo
- ½ žličice soli
- ¼ šalice neslanog maslaca, otopljenog
- 1 šalica mlijeka
- 2 velika jaja
- ½ šalice izmrvljenog feta sira
- ¼ šalice smrznutog špinata, odmrznutog i ocijeđenog

UPUTE:
a) Zagrijte pećnicu na 375°F (190°C) i namastite kalup za krafne sprejom za kuhanje.
b) U posudi za miješanje pomiješajte brašno, prašak za pecivo i sol.
c) U posebnoj zdjeli pomiješajte otopljeni maslac, mlijeko i jaja.
d) Dodajte mokre sastojke suhim sastojcima i miješajte dok se dobro ne sjedine.
e) Umiješajte izmrvljeni feta sir i odmrznuti, ocijeđeni špinat.
f) Žlicom stavljajte tijesto u pripremljeni kalup za krafne, ispunjavajući svaki kalup otprilike ¾.
g) Pecite 12-15 minuta ili dok krafne ne porumene.
h) Izvadite iz pećnice i ostavite da se ohladi 5 minuta prije nego što je izvadite iz posude.

23.Gouda i krafne sa šunkom

SASTOJCI:
- 2 šalice višenamjenskog brašna
- 1 žlica praška za pecivo
- ½ žličice soli
- ¼ šalice neslanog maslaca, otopljenog
- 1 šalica mlijeka
- 2 velika jaja
- ½ šalice nasjeckanog gouda sira
- ¼ šalice šunke narezane na kockice

UPUTE:

a) Zagrijte pećnicu na 375°F (190°C) i namastite kalup za krafne sprejom za kuhanje.
b) U posudi za miješanje pomiješajte brašno, prašak za pecivo i sol.
c) U posebnoj zdjeli pomiješajte otopljeni maslac, mlijeko i jaja.
d) Dodajte mokre sastojke suhim sastojcima i miješajte dok se dobro ne sjedine.
e) Ubacite nasjeckani gauda sir i šunku narezanu na kockice.
f) Žlicom stavljajte tijesto u pripremljeni kalup za krafne, ispunjavajući svaki kalup otprilike ¾.
g) Pecite 12-15 minuta ili dok krafne ne porumene.
h) Izvadite iz pećnice i ostavite da se ohladi 5 minuta prije nego što je izvadite iz posude.

ZAČINJENE KRAFNE

24. Proteinske krafne s cimetom

SASTOJCI:
- 85 g kokosovog brašna
- 110 g proteina u prahu proklijale smeđe riže s okusom vanilije
- 25 g bademovog brašna
- 50 g javorovog šećera
- 30 ml otopljenog kokosovog ulja
- 8 g praška za pecivo
- 115 ml sojinog mlijeka
- ½ žličice jabučnog octa
- ½ žličice paste od vanilije
- ½ žličice cimeta
- 30 ml organskog soka od jabuka
- 30 g kokosovog šećera u prahu
- 10 g cimeta

Upute:
a) U zdjeli pomiješajte sve suhe sastojke.
b) U posebnoj posudi umutite mlijeko s umakom od jabuka, kokosovim uljem i jabukovačem octom.
c) Umiješajte mokre sastojke u suhe i miješajte dok se potpuno ne izmiješaju.
d) Zagrijte pećnicu na 180°C/350°F i namastite kalup za krafne s 10 rupa.
e) Pripremljeno tijesto žlicom stavljajte u podmazan kalup za krafne.
f) Pecite krafne 15-20 minuta.
g) Još tople krafne pospite kokosovim šećerom i cimetom. Poslužite toplo.

25.Začinjene španjolske krafne

SASTOJCI:
- 2 šalice cariaco kukuruza
- ½ šalice svježeg tekućeg mlijeka
- ¼ šalice ulja
- 1 žličica cimeta
- 1 žličica slatkog klinčića
- 1 žličica slatkog anisa
- 3 jaja
- 1 šalica ribanog papelona

UPUTE:
a) Cariaco kukuruz stavite kuhati u lonac samo 10 minuta da se ne kuha, nego da se natopi;
b) Samljeti u običnom mlinu za kukuruz, izvaditi tijesto i zamijesiti ga zajedno sa ostalim SASTOJCIMA:
c) Dobro mijesite dok vam se smjesa ne lijepi za ruke, ostavite da odstoji 15 minuta.
d) Zagrijte pećnicu na 180 °C ili 350 °F.
e) Razvaljajte tijesto i vadite komade od 30 g te ga razvucite u tanku šipku
f) Spojite krajeve i oblikujte kolutove ili krafne.
g) Stavite listove banane na pladanj i stavite u pećnicu na 30 minuta.
h) Izvadite iz pećnice i ostavite stajati na sobnoj temperaturi.
i) Poslužite i uživajte

26. Muffini s muškatnim oraščićem

SASTOJCI:
MUFFINI
- 1 ½ šalice višenamjenskog brašna
- ½ šalice šećera
- 1 ½ žličica praška za pecivo
- ⅛ žličice soli
- ½ žličice mljevenog cimeta
- ¼ žličice muškatnog oraščića
- ⅓ šalice otopljenog maslaca
- 1 žličica ekstrakta vanilije
- 1 jaje
- ¼ šalice mlijeka
- ¼ šalice jogurta
- **PRELJEVI**
- ⅓ šalice šećera
- 2 žličice mljevenog cimeta
- 5 žlica otopljenog maslaca

UPUTE:
a) Zagrijte pećnicu na 180°C/375 stupnjeva i poprskajte posudu ili namastite. Ostavite sa strane.
b) Umutite brašno, prašak za pecivo, cimet, muškatni oraščić i sol, zatim pomiješajte i ostavite sa strane. Umutite jaje, šećer, mlijeko i jogurt dok ne postane glatko. Dodajte otopljeni maslac i aromu vanilije i pomiješajte.
c) Ulijte mokre sastojke u suhe i miješajte dok se ne sjedine. (Nemojte previše miješati)
d) Žlicom stavite tijesto u kalupe za muffine do visine od oko ½ -¾. Pecite u prethodno zagrijanoj pećnici 20-25 minuta. Ostavite muffine da se ohlade u kalupu nekoliko minuta prije nego što ih izvadite.
e) Za preljev.U maloj posudi pomiješajte cimet i šećer.U drugoj posudi otopite 5 žlica maslaca.
f) Umočite muffine u maslac. Umočite i uvaljajte u smjesu cimet šećera.
g) Poslužite i uživajte!

27.Jabukovača Paleo krafne

SASTOJCI:
- ½ žličice cimeta
- ½ žličice sode bikarbone
- ⅛ žličice morske soli
- 2 jaja
- nekoliko kapi tekućine stevije
- ½ šalice kokosovog brašna
- 2 žlice bademovog ulja
- ½ šalice toplog jabučnog cidera
- 2 žlice gheeja, otopljenog – za premazivanje

CIMET ŠEĆER
- ½ šalice granuliranog kokosovog šećera
- 1 žlica cimeta

UPUTE:
a) Zagrijte aparat za krafne.
b) Pomiješajte kokosovo brašno, sodu bikarbonu, cimet i sol.
c) U drugoj posudi umutite jaja, ulje i steviju.
d) Pomiješajte suhe sastojke s mokrim sastojcima zajedno s jabukovačem.
e) Zagrabite tijesto za krafne u aparat za krafne.
f) Kuhajte 3 minute.
g) Premažite krafne otopljenim gheejem/maslacem/bademovim uljem.
h) Pospite krafne mješavinom cimeta/kokosovog šećera.

28.Krafne sa cimetom i šećerom

SASTOJCI:
- 2 šalice višenamjenskog brašna
- 1 ½ žličice praška za pecivo
- 1/2 žličice sode bikarbone
- 1/2 žličice soli
- 1 žličica mljevenog cimeta
- 1/4 žličice mljevenog muškatnog oraščića
- 1/4 žličice mljevenog klinčića
- 1/2 šalice granuliranog šećera
- 1/4 šalice neslanog maslaca, otopljenog
- 1/2 šalice mlaćenice
- 1/2 šalice običnog jogurta
- 2 velika jaja
- 1 žličica ekstrakta vanilije

ZA PREMAZ:
- 1/2 šalice granuliranog šećera
- 1 žličica mljevenog cimeta

UPUTE:

a) Zagrijte pećnicu na 350°F (175°C) i namastite kalup za krafne.

b) U zdjeli za miješanje pomiješajte brašno, prašak za pecivo, sodu bikarbonu, sol, cimet, muškatni oraščić i klinčiće.

c) U posebnoj zdjeli pjenasto izmiješajte šećer, otopljeni maslac, mlaćenicu, jogurt, jaja i ekstrakt vanilije.

d) Dodajte mokre sastojke suhim sastojcima i miješajte dok se ne sjedine.

e) Žlicom stavljajte tijesto u pripremljeni kalup za krafne, ispunjavajući svaku udubinu otprilike do 2/3.

f) Pecite 12-15 minuta ili dok čačkalica zabodena u krafne ne izađe čista.

g) Dok su krafne još tople, u plitkoj zdjeli pomiješajte kristalni šećer i mljeveni cimet za premaz.

h) Svaku krafnu umočite u smjesu cimet-šećera, premazujući sve strane.

i) Ostavite krafne da se ohlade na rešetki.

29.Krafne od medenjaka

SASTOJCI:
- 2 šalice višenamjenskog brašna
- 1 1/2 žličice praška za pecivo
- 1/2 žličice sode bikarbone
- 1/4 žličice soli
- 1 1/2 žličice mljevenog đumbira
- 1 žličica mljevenog cimeta
- 1/2 žličice mljevenog muškatnog oraščića
- 1/2 žličice mljevenog klinčića
- 1/2 šalice neslanog maslaca, otopljenog
- 1/2 šalice granuliranog šećera
- 1/2 šalice melase
- 2 velika jaja
- 1 šalica mlaćenice

ZA GLAZURU:
- 1 šalica šećera u prahu
- 1-2 žlice mlijeka
- 1/2 žličice mljevenog cimeta

UPUTE:
a) Zagrijte pećnicu na 350°F (175°C) i namastite kalup za krafne.
b) U zdjeli za miješanje pomiješajte brašno, prašak za pecivo, sodu bikarbonu, sol, đumbir, cimet, muškatni oraščić i klinčiće.
c) U posebnoj zdjeli pjenasto izmiješajte otopljeni maslac, granulirani šećer, melasu, jaja i mlaćenicu.
d) Dodajte mokre sastojke suhim sastojcima i miješajte dok se ne sjedine.
e) Žlicom stavljajte tijesto u pripremljeni kalup za krafne, ispunjavajući svaku udubinu otprilike do 2/3.
f) Pecite 12-15 minuta ili dok čačkalica zabodena u krafne ne izađe čista.
g) Ostavite krafne da se ohlade u kalupu nekoliko minuta prije nego što ih prebacite na rešetku da se potpuno ohlade.
h) U maloj zdjeli pomiješajte šećer u prahu, mlijeko i mljeveni cimet kako biste napravili glazuru. Dodajte još mlijeka ako je potrebno da postignete sipku konzistenciju.
i) Umočite svaku krafnu u glazuru, pustite da višak iscuri. Pustite da se glazura stegne prije posluživanja.

30. Krafne začinjene kardamomom

SASTOJCI:
- 2 šalice višenamjenskog brašna
- 1 1/2 žličice praška za pecivo
- 1/2 žličice sode bikarbone
- 1/4 žličice soli
- 1 žličica mljevenog kardamoma
- 1/2 žličice mljevenog cimeta
- 1/4 žličice mljevenog muškatnog oraščića
- 1/2 šalice neslanog maslaca, otopljenog
- 1/2 šalice granuliranog šećera
- 1/2 šalice mlaćenice
- 2 velika jaja
- 1 žličica ekstrakta vanilije

ZA PRELJEV:
- 1/4 šalice neslanog maslaca, otopljenog
- 1/2 šalice granuliranog šećera
- 1 žličica mljevenog kardamoma

UPUTE:
a) Zagrijte pećnicu na 350°F (175°C) i namastite kalup za krafne.
b) U zdjeli za miješanje pomiješajte brašno, prašak za pecivo, sodu bikarbonu, sol, kardamom, cimet i muškatni oraščić.
c) U posebnoj zdjeli pjenasto izmiješajte otopljeni maslac, granulirani šećer, mlaćenicu, jaja i ekstrakt vanilije.
d) Dodajte mokre sastojke suhim sastojcima i miješajte dok se ne sjedine.
e) Žlicom stavljajte tijesto u pripremljeni kalup za krafne, ispunjavajući svaku udubinu otprilike do 2/3.
f) Pecite 12-15 minuta ili dok čačkalica zabodena u krafne ne izađe čista.
g) Dok su krafne još tople, svaku krafnu umočite u otopljeni maslac, pa uvaljajte u mješavinu šećera u prahu i mljevenog kardamoma dok se ne prekrije.
h) Ostavite krafne da se ohlade na rešetki.

31.Uštipci od jabučnog jabukovače

SASTOJCI:
- 2 šalice višenamjenskog brašna
- 1 1/2 žličice praška za pecivo
- 1/2 žličice sode bikarbone
- 1/2 žličice soli
- 1 žličica mljevenog cimeta
- 1/4 žličice mljevenog muškatnog oraščića
- 1/4 žličice mljevenog klinčića
- 1/2 šalice neslanog maslaca, otopljenog
- 1/2 šalice granuliranog šećera
- 1/4 šalice upakiranog svijetlo smeđeg šećera
- 2 velika jaja
- 1/2 šalice jabučnog cidera
- 1/2 šalice običnog grčkog jogurta
- 1 žličica ekstrakta vanilije

ZA PREMAZ:
- 1/2 šalice granuliranog šećera
- 1 žličica mljevenog cimeta

UPUTE:
a) Zagrijte pećnicu na 350°F (175°C) i namastite kalup za krafne.
b) U zdjeli za miješanje pomiješajte brašno, prašak za pecivo, sodu bikarbonu, sol, cimet, muškatni oraščić i klinčiće.
c) U posebnoj zdjeli pjenasto izmiješajte otopljeni maslac, granulirani šećer, smeđi šećer, jaja, jabučni cider, grčki jogurt i ekstrakt vanilije.
d) Dodajte mokre sastojke suhim sastojcima i miješajte dok se ne sjedine.
e) Žlicom stavljajte tijesto u pripremljeni kalup za krafne, ispunjavajući svaku udubinu otprilike do 2/3.
f) Pecite 12-15 minuta ili dok čačkalica zabodena u krafne ne izađe čista.
g) Dok su krafne još tople, u plitkoj zdjeli pomiješajte kristalni šećer i mljeveni cimet za premaz.
h) Svaku krafnu umočite u smjesu cimet-šećera, premazujući sve strane.
i) Ostavite krafne da se ohlade na rešetki.

32.Krafne sa začinima od bundeve

SASTOJCI:
- 1 3/4 šalice višenamjenskog brašna
- 1 1/2 žličice praška za pecivo
- 1/2 žličice sode bikarbone
- 1/2 žličice soli
- 1 žličica mljevenog cimeta
- 1/2 žličice mljevenog muškatnog oraščića
- 1/4 žličice mljevenog klinčića
- 1/4 žličice mljevenog đumbira
- 1/2 šalice granuliranog šećera
- 1/4 šalice upakiranog svijetlo smeđeg šećera
- 1/2 šalice pirea od bundeve
- 1/3 šalice mlaćenice
- 1/4 šalice biljnog ulja
- 1 veliko jaje
- 1 žličica ekstrakta vanilije

ZA GLAZURU:
- 1 šalica šećera u prahu
- 2 žlice mlijeka
- 1/2 žličice mljevenog cimeta
- 1/4 žličice mljevenog muškatnog oraščića

UPUTE:
a) Zagrijte pećnicu na 350°F (175°C) i namastite kalup za krafne.
b) U zdjeli za miješanje pomiješajte brašno, prašak za pecivo, sodu bikarbonu, sol, cimet, muškatni oraščić, klinčiće i đumbir.
c) U posebnoj zdjeli pjenasto izmiješajte granulirani šećer, smeđi šećer, pire od bundeve, mlaćenicu, biljno ulje, jaje i ekstrakt vanilije.
d) Dodajte mokre sastojke suhim sastojcima i miješajte dok se ne sjedine.
e) Žlicom stavljajte tijesto u pripremljeni kalup za krafne, ispunjavajući svaku udubinu otprilike do 2/3.
f) Pecite 12-15 minuta ili dok čačkalica zabodena u krafne ne izađe čista.
g) U maloj zdjeli pomiješajte šećer u prahu, mlijeko, cimet i muškatni oraščić da napravite glazuru.
h) Umočite svaku krafnu u glazuru, pustite da višak iscuri.

ČOKOLADNE KRAFNE

33. Čokoladni kolač Krafne

SASTOJCI:
- 1 ½ šalice višenamjenskog brašna
- ½ šalice nezaslađenog kakaa u prahu
- ½ žličice praška za pecivo
- ½ žličice sode bikarbone
- ¼ žličice soli
- ½ šalice granuliranog šećera
- ¼ šalice biljnog ulja
- 1 veliko jaje
- 1 žličica ekstrakta vanilije
- ¾ šalice mlaćenice
- 1 šalica šećera u prahu
- ¼ šalice mlijeka
- ¼ šalice nezaslađenog kakaa u prahu

UPUTE:
a) Zagrijte pećnicu na 375°F. Namastite kalup za krafne neljepljivim sprejom za kuhanje i ostavite sa strane.
b) U velikoj zdjeli za miješanje pomiješajte brašno, kakao prah, prašak za pecivo, sodu bikarbonu, sol i šećer.
c) U posebnoj zdjeli za miješanje umutite ulje, jaje i ekstrakt vanilije. Postupno umiješajte mlaćenicu dok se dobro ne sjedini.
d) Ulijte mokre sastojke u suhe sastojke i miješajte dok se ne sjedine.
e) Premjestite tijesto u vrećicu i ulijte u pripremljeni kalup za krafne, ispunjavajući svaku udubinu otprilike do ⅔.
f) Pecite 10-12 minuta ili dok čačkalica zabodena u sredinu krafne ne izađe čista.
g) U maloj zdjeli pomiješajte šećer u prahu, mlijeko i kakao prah dok ne dobijete glazuru. Ohlađene krafne umočite u glazuru i ostavite da se osuše na rešetki.

34. Pečene oreo krafne

SASTOJCI:
- 1 šalica višenamjenskog brašna
- ½ šalice upakiranog svijetlo smeđeg šećera
- ⅓ šalice nezaslađenog kakaa u prahu
- ½ žličice soli
- ¾ žličice praška za pecivo
- ½ žličice sode bikarbone
- 1 veliko jaje
- ½ šalice mlijeka bilo koje vrste
- ¼ šalice otopljenog kokosovog ili biljnog ulja
- 1½ žličice ekstrakta vanilije
- 6 Oreo kolačića, samljevenih u mrvice
- Glazura od krem sira

UPUTE:
a) Zagrijte pećnicu na 350°F.
b) Lagano pošpricajte dva kalupa za krafne s neljepljivim sprejom za kuhanje. Staviti na stranu.
c) U velikoj zdjeli pomiješajte brašno, smeđi šećer, kakao prah, sol, prašak za pecivo i sodu bikarbonu. Staviti na stranu.
d) U srednjoj posudi umutite jaje, mlijeko, kokosovo ulje i ekstrakt vanilije dok ne postane glatko. Polako ulijevajte mokre sastojke u smjesu brašna, miješajući dok se ne sjedine. Tijesto će biti jako gusto.
e) Lagano umiješajte zdrobljene Oreo kekse
f) Žlicom stavite smjesu u veliku vrećicu s patentnim zatvaračem i odrežite vrh donjeg kuta.
g) Ulijte smjesu u pripremljene kalupe za krafne.
h) Pecite 8-10 minuta, ili dok krafne ne budu malo čvrste.
i) Izvadite iz pećnice i potpuno ohladite prije dodavanja glazure.
j) Za pripremu glazure, umutite krem sir i maslac dok ne postanu glatki.
k) Dodajte mlijeko, ekstrakt vanilije i šećer u prahu.
l) Tucite dok ne dobijete glatku smjesu i postignete željenu gustoću i slatkoću.
m) Po potrebi dodajte još mlijeka i/ili šećera u prahu.
n) Uzmite svaku krafnu i umočite je do pola u glazuru, zatim pospite mljevenim Oreo keksima.

35. Oreo čokoladna krafna

SASTOJCI:
- 2 mala pakiranja Oreo keksa s čokoladnom kremom
- 1 veliki paket Oreo keksa s bijelom kremom
- 2-3 žličice mlijeka
- 100 grama crne čokolade
- 1 žlica maslaca
- 1 žlica vrućeg mlijeka za pomiješati s kremom od keksa

ZA GARNIRANJE
- prema potrebi Male kuglice šećera
- po potrebi Čokoladni vermicelli
- prema potrebi Zvjezdane šećerne kuglice

UPUTE:
a) Prvo od Oreo keksa odvojite kremu oba okusa. Zatim ove kekse stavite u posudu miksera i sameljite ih u prah. Sada ga prebacite u drugu zdjelu.
b) U ovaj prašak za biskvit dodajte malo po malo mlijeka i zamijesite tijesto. Sada od ovog tijesta napravite okrugle kuglice i utisnite ih u oblik krafne i napravite rupu između.
c) Sada u kremu za biskvit oba okusa dodajte 1-1 žličicu vrućeg mlijeka i dobro promiješajte i otopite kremu.
d) Sada rastopite tamnu čokoladu na pari, dodajte maslac i dobro promiješajte. Dakle, znak će doći u čokoladi. Zatim sve krafne umočiti u tu otopljenu čokoladu i premazati ih i staviti na tanjur. Sada dvije krafne namažite bijelom kremom od keksa, sada drugu krafnu namažite čokoladnom kremom od keksa. Sada ga ukrasite po želji i poslužite.
e) Sada je naša Instant Oreo čokoladna krafna spremna za posluživanje.

36. Čokoladne Cannoli krafne

SASTOJCI:
ZA TIJESTO:
- 1-½ žličice aktivnog suhog kvasca
- 1 žličica šećera
- ¼ šalice tople vode
- 2-½ šalice višenamjenskog brašna
- ½ žličice soli
- ¼ šalice šećera
- 2 žlice neslanog maslaca, otopljenog
- 1 cijelo veliko jaje
- ¾ šalice mlijeka, zagrijanog, plus dodatak za četkanje
- ¼ šalice šećera u prahu, za posipanje

ZA NADJEV:
- 1 šalica ricotta sira
- 2 žlice kakaa u prahu
- 3 žlice šećera
- ½ žličice ekstrakta vanilije

UPUTE:
a) U maloj posudi za mjerenje pomiješajte kvasac, 1 žličicu šećera i ¼ šalice tople vode. Ostavite ga sa strane dok ne postane mjehurić, oko 5-8 minuta.

b) U velikoj zdjeli za miješanje pomiješajte brašno, sol i ¼ šalice šećera. Ulijte smjesu od kvasca, otopljenog maslaca, jajeta i mlijeka i miješajte dok se sve ne sjedini i ne dobije smjesa poput tijesta. To će trajati oko 3-5 minuta. Tijesto će biti ljepljivo i sličnije gustom tijestu nego tijestu za kruh. To je u redu.

c) Pokrijte zdjelu vlažnom kuhinjskom krpom i ostavite da se tijesto diže dok ne udvostruči svoju veličinu, otprilike 1-1 ½ sat. Obložite lim za pečenje silikonskom podlogom ili papirom za pečenje; Staviti na stranu.

d) Provjerite je li vam radna površina dobro pobrašnjena, zatim ostružite tijesto iz zdjele i pustite da se rasporedi po površini. Pažljivo izvucite tijesto u veliki pravokutnik debljine oko ¾". Budite vrlo oprezni da ne rukujete tijestom pregrubo jer ćete u protivnom ispuhati tijesto i napraviti krafne koje će biti manje pahuljaste. Pobrašnite kalup za biskvit i izrežite okruglice od tijesta. Pomoću lopatice okruglice prebacite na pripremljenu tepsiju. Tijesto po potrebi razvucite i izrežite da ga možete potrošiti. Izreze pokrijte kuhinjskom krpom i ostavite najmanje 30 minuta, a najviše 1 sat.

e) Za to vrijeme napravite nadjev. Pomiješajte sve sastojke za nadjev u srednjoj zdjeli i miješajte dok se dobro ne sjedine. Stavite u hladnjak do upotrebe.

f) Zagrijte pećnicu na 375 F. Gornji dio krafni premažite s malo mlijeka i pecite dok ne postane lagano smeđe, 12-15 minuta. Prebacite pleh na rešetku i ostavite da se potpuno ohladi.

g) Pripremite vrećicu s dugim okruglim vrhom za ukrašavanje kolača. Napravite mali rez na svakoj krafni nožem za guljenje i slobodno zarežite malo dublje kako biste napravili džep za nadjev. Stavite čokoladni namaz od ricotte u vrećicu (ili Ziploc vrećicu s odrezanim jednim kutom) i ulijte ga u krafne. Lagano pospite malo šećera u prahu prije posluživanja i uživajte!

37.Glazirane pahuljaste čokoladne krafne

SASTOJCI:
- 1 ¾ šalice brašna
- 1 ½ žličice praška za pecivo
- ½ žličice soli
- 1 žličica cimeta
- 1 žličica začina od bundeve
- 2 žlice kokosovog ulja ili biljnog ulja
- ⅓ šalice grčkog jogurta od vanilije
- ½ šalice svijetlo smeđeg šećera
- 1 jaje
- 2 žličice Baileysa ili vanilije
- ¾ šalice konzervirane bundeve
- ½ šalice mlijeka od vanilije i badema

BAILEYS GLAZURA
- 2 šalice slastičarskog šećera u prahu
- 3 šalice Baileysa
- 1 žlica vanilije i bademovog mlijeka

UPUTE:

a) Prethodno zagrijte pećnicu na 350°F. Pošpricajte posudu za krafne neljepljivim sprejom i ostavite sa strane.

b) U zdjeli pomiješajte brašno, prašak za pecivo, sol i začine i ostavite sa strane.

c) U velikoj zdjeli pomiješajte ulje, grčki jogurt, smeđi šećer, jaje, vaniliju, bundevino i bademovo mlijeko dok se ne sjedine. Polako dodajte suhe sastojke u smjesu i miješajte dok se ne sjedine, pazeći da se ne izmiješaju previše ili će krafne biti žilave i žvakaće.

d) Koristeći slastičarsku vrećicu ili plastičnu vrećicu s odrezanim kutom, izlijte tijesto u svaku šalicu za krafne, otprilike ⅔ punu, ali ne prelijevajući se.

e) Pecite 11 - 13 minuta, dok krafne ne poskoče kada se lagano pritisnu. Okrenite krafne na rešetku i ostavite da se potpuno ohlade.

f) Dok se krafne hlade napravite Baileys glazuru.

BAILEYS GLAZURA

g) Pomiješajte sve sastojke u maloj posudi i miksajte dok ne postane glatko.

h) Nakon što se krafne potpuno ohlade, vrh svake krafne umočite u glazuru i vratite na rešetku.

38. Red Velvet pečene krafne

SASTOJCI:
- 2 ¼ šalice brašna
- 1 žlica praška za pecivo
- ½ žličice soli
- ⅔ šalice šećera
- 1 jaje
- 2 žlice biljnog ulja
- 2 žlice kakaa u prahu
- 1 žličica vanilije
- ½ šalice nemasnog mlijeka
- Crvena mekana gel pasta
- Glazura

UPUTE:
a) Zagrijte pećnicu na 350 stupnjeva.
b) Posudu za krafne poprskajte sprejom za kuhanje i ostavite sa strane.
c) U srednjoj zdjeli pomiješajte brašno, prašak za pecivo i sol.
d) Dobro izmiješajte i ostavite sa strane.
e) U velikoj zdjeli pomiješajte šećer, jaje i biljno ulje.
f) Dodajte kakao prah i vaniliju i dobro promiješajte.
g) Polako umiješajte mlijeko dok se dobro ne sjedini.
h) Dodajte suhe sastojke, otprilike pola šalice u isto vrijeme, dobro promiješajte nakon svakog dodavanja.
i) Dodajte nekoliko kapi crvene prehrambene boje i miješajte dok tijesto ne dobije željenu boju.
j) Stavite tijesto u vrećicu s patentnim zatvaračem i zatvorite.
k) Odrežite kraj i uvucite u posudu za krafne, puneći svaku čašicu za krafne do ⅔.
l) Pecite 12-15 minuta pazeći da krafne ne porumene.
m) Vrhove krafni umočiti u glazuru i posuti srcima ili špricama.

39. Krafne s kakaom i moringom

SASTOJCI:
ZA KRAFNE:
- 1 žličica moringe u prahu
- 1 žličica super-kakao praha
- ½ šalice heljdinog brašna
- ¾ šalice mljevenih badema
- ¼ žličice sode bikarbone
- Prstohvat ružičaste soli
- ¼ šalice kokosovog šećera
- 1 jaje, umućeno
- ½ velike banane, zgnječene
- 1 žlica javorovog sirupa
- prskanje nezaslađenog bademovog mlijeka
- 1 žlica kokosovog ulja za podmazivanje

ZA glazuru:
- 2 žličice moringe u prahu, za glazuru od moringe
- 2 žličice super-kakao praha, za glazuru od kakaa
- 4 žlice kokosovog maslaca, djelomično otopljenog
- 2 žlice sirovog meda ili javorovog sirupa

ZA PRELJEV:
- kakao grickalice
- nasjeckani lješnjaci
- jestive latice ruže

UPUTE:
a) Zagrijte pećnicu na 180C.
b) Za izradu krafni dodajte heljdino brašno, mljevene bademe, sodu bikarbonu, ružičastu sol i kokosov šećer u veliku zdjelu.
c) U zasebnoj zdjeli pomiješajte jaje, zgnječenu bananu, javorov sirup i bademovo mlijeko te nježno umiješajte mokre sastojke u suhe dok se potpuno ne sjedine. Podijelite smjesu u dvije zdjele i u jednu umiješajte moringu u prahu, a u drugu kakao prah.
d) Kalup za krafne pažljivo namažite kokosovim uljem i ulijte obje smjese za krafne u kalupe.
e) Pecite u pećnici 12-15 minuta i ostavite da se ohladi na rešetki prije glaziranja.
f) Kako biste napravili glazuru od kakaa i moringe, pomiješajte djelomično otopljeni kokosov maslac i med. Podijelite smjesu u dvije zdjele i u jednu umiješajte moringu u prahu, a u drugu kakao prah. Ako želite gustoću tekućine, dodajte malo kipuće vode ili još malo otopljenog kokosovog maslaca i dobro promiješajte.
g) Umočite krafne u glazuru dok se potpuno ne obliže i pospite nasjeckanim lješnjacima, jestivim laticama ruže ili kakaovcima.

CVJETNE KRAFNE

40. Glazirane krafne u obliku leptir graška

SASTOJCI:
KRAFNA:
- 1 zgnječena banana
- 1 šalica nezaslađenog umaka od jabuka
- 1 jaje ili 1 žlica chia sjemenki pomiješanih s vodom
- 50 g otopljenog kokosovog ulja
- 4 žlice meda ili nektar sirupa od agave
- 1 žlica vanilije
- 1 žličica cimeta
- 150 g heljdinog brašna
- 1 žličica praška za pecivo

GLAZURA OD LEPTIROG GRAŠKA:
- ½ šalice indijskih oraščića, namočenih 4 sata
- 1 šalica bademovog mlijeka
- 40 cvjetova čaja od leptir graška
- 1 žlica agava nektar sirupa
- 1 žlica esencije vanilije

UPUTE:
NAPRAVITI KRAFNE:
a) Pomiješajte sve suhe sastojke.
b) Pomiješajte sve mokre sastojke zajedno.
c) Dodajte mokro u suho pa prebacite u kalupe za krafne.
d) Peći na 160 stupnjeva 15 minuta.

NAPRAVITI GLAZURU:
e) Indijske oraščiće izmiksajte u multipraktiku dok smjesa ne postane glatka.
f) U loncu zagrijte bademovo mlijeko i dodajte čaj. Pirjati na laganoj vatri 10 minuta.
g) Dodajte mlijeko od plavog badema izmiksanim indijskim oraščićima, dodajte nektar agave i aromu vanilije i ponovno miješajte dok se ne sjedini.
h) Držite u hladnjaku dok se krafne ne skuhaju i ohlade.
i) Ukrasite krafne glazurom i dodatnim cvjetovima!
j) Ove krafne su veganske i ne sadrže gluten i rafinirani šećer – tako da zaista nema potrebe za suzdržavanjem: samo naprijed i pojedite ih sve!

41. Medene krafne od lavande

SASTOJCI:
- 1 ½ šalice višenamjenskog brašna
- ½ šalice granuliranog šećera
- 2 žličice praška za pecivo
- ¼ žličice soli
- ¼ šalice biljnog ulja
- ½ šalice mlijeka
- 2 velika jaja
- 1 žličica suhih cvjetova lavande
- 2 žlice meda

UPUTE:
a)   Zagrijte pećnicu na 350°F (180°C) i namastite kalup za krafne sprejom za kuhanje.
b)   U velikoj zdjeli pomiješajte brašno, šećer, prašak za pecivo i sol.
c)   U drugoj zdjeli pjenjačom izmiješajte ulje, mlijeko, jaja, lavandu i med.
d)   Ulijte mokre sastojke u suhe sastojke i miješajte dok se ne sjedine.
e)   Žlicom stavljajte tijesto u pripremljeni kalup za krafne, ispunjavajući svaki kalup otprilike ¾ do kraja.
f)   Pecite 12-15 minuta ili dok čačkalica zabodena u sredinu krafne ne izađe čista.
g)   Ostavite krafne da se ohlade u kalupu nekoliko minuta prije nego što ih prebacite na rešetku da se potpuno ohlade.

42. Krafne s ružinom vodicom

SASTOJCI:

- 1 ½ šalice višenamjenskog brašna
- ½ šalice granuliranog šećera
- 2 žličice praška za pecivo
- ¼ žličice soli
- ¼ šalice biljnog ulja
- ½ šalice mlijeka
- 2 velika jaja
- 1 žličica ružine vodice
- 1 kap ružičaste prehrambene boje (nije obavezno)

UPUTE:

a) Zagrijte pećnicu na 350°F (180°C) i namastite kalup za krafne sprejom za kuhanje.
b) U velikoj zdjeli pomiješajte brašno, šećer, prašak za pecivo i sol.
c) U drugoj zdjeli pjenjačom izmiješajte ulje, mlijeko, jaja, ružinu vodicu i prehrambenu boju (ako koristite).
d) Ulijte mokre sastojke u suhe sastojke i miješajte dok se ne sjedine.
e) Žlicom stavljajte tijesto u pripremljeni kalup za krafne, ispunjavajući svaki kalup otprilike ¾ do kraja.
f) Pecite 12-15 minuta ili dok čačkalica zabodena u sredinu krafne ne izađe čista.
g) Ostavite krafne da se ohlade u kalupu nekoliko minuta prije nego što ih prebacite na rešetku da se potpuno ohlade.

43. Uštipci od bazge

SASTOJCI:
- 1 ½ šalice višenamjenskog brašna
- ½ šalice granuliranog šećera
- 2 žličice praška za pecivo
- ¼ žličice soli
- ¼ šalice biljnog ulja
- ½ šalice mlijeka
- 2 velika jaja
- 1 žličica ekstrakta bazge
- 1 žlica suhih cvjetova bazge (po želji)

UPUTE:

a) Zagrijte pećnicu na 350°F (180°C) i namastite kalup za krafne sprejom za kuhanje.

b) U velikoj zdjeli pomiješajte brašno, šećer, prašak za pecivo i sol.

c) U drugoj zdjeli pjenjačom izmiješajte ulje, mlijeko, jaja, ekstrakt bazge i suhe cvjetove bazge (ako koristite).

d) Ulijte mokre sastojke u suhe sastojke i miješajte dok se ne sjedine.

e) Žlicom stavljajte tijesto u pripremljeni kalup za krafne, ispunjavajući svaki kalup otprilike ¾ do kraja.

f) Pecite 12-15 minuta ili dok čačkalica zabodena u sredinu krafne ne izađe čista.

g) Ostavite krafne da se ohlade u kalupu nekoliko minuta prije nego što ih prebacite na rešetku da se potpuno ohlade.

44. Kamilica i limun krafne

SASTOJCI:
- 1 ½ šalice višenamjenskog brašna
- ½ šalice granuliranog šećera
- 2 žličice praška za pecivo
- ¼ žličice soli
- ¼ šalice biljnog ulja
- ½ šalice mlijeka
- 2 velika jaja
- 1 žličica suhih cvjetova kamilice
- Korica od 1 limuna
- Sok od ½ limuna

UPUTE:
a) Zagrijte pećnicu na 350°F (180°C) i namastite kalup za krafne sprejom za kuhanje.
b) U velikoj zdjeli pomiješajte brašno, šećer, prašak za pecivo i sol.
c) U drugoj posudi umutite ulje, mlijeko, jaja, kamilicu, limunovu koricu i limunov sok.
d) Ulijte mokre sastojke u suhe sastojke i miješajte dok se ne sjedine.
e) Žlicom stavljajte tijesto u pripremljeni kalup za krafne, ispunjavajući svaki kalup otprilike ¾ do kraja.
f) Pecite 12-15 minuta ili dok čačkalica zabodena u sredinu krafne ne izađe čista.
g) Ostavite krafne da se ohlade u kalupu nekoliko minuta prije nego što ih prebacite na rešetku da se potpuno ohlade.

45. Krafne s cvijetom naranče

SASTOJCI:
- 2 šalice višenamjenskog brašna
- 1/2 šalice granuliranog šećera
- 2 žličice praška za pecivo
- 1/2 žličice soli
- Korica 1 naranče
- 1/2 šalice neslanog maslaca, otopljenog
- 1 šalica mlijeka
- 2 velika jaja
- 1 žličica ekstrakta vanilije
- 1 žličica vode od narančinog cvijeta

ZA GLAZURU:
- 1 šalica šećera u prahu
- 2-3 žlice soka od naranče
- Jestivi cvjetovi naranče za ukras

UPUTE:
a) Zagrijte pećnicu na 350°F (175°C) i namastite kalup za krafne.
b) U zdjeli za miješanje pomiješajte brašno, šećer, prašak za pecivo, sol i narančinu koricu.
c) U posebnoj zdjeli pjenasto izmiješajte otopljeni maslac, mlijeko, jaja, ekstrakt vanilije i vodicu cvijeta naranče.
d) Dodajte mokre sastojke suhim sastojcima i miješajte dok se ne sjedine.
e) Žlicom stavljajte tijesto u pripremljeni kalup za krafne, ispunjavajući svaku udubinu otprilike do 2/3.
f) Pecite 12-15 minuta ili dok čačkalica zabodena u krafne ne izađe čista.
g) Ostavite krafne da se ohlade u kalupu nekoliko minuta, zatim ih prebacite na rešetku.
h) U maloj zdjeli izmiješajte šećer u prahu i sok od naranče da napravite glazuru. Dodajte još soka od naranče ako je potrebno kako biste postigli tečnost.
i) Umočite svaku krafnu u glazuru, pustite da višak iscuri. Ukrasite jestivim cvjetovima naranče.

46. Violet Vanilla Donuts

SASTOJCI:
- 2 šalice višenamjenskog brašna
- 1/2 šalice granuliranog šećera
- 2 žličice praška za pecivo
- 1/2 žličice soli
- 1 žlica osušenih latica ljubičice, sitno samljevenih
- 1/2 šalice neslanog maslaca, otopljenog
- 1 šalica mlijeka
- 2 velika jaja
- 1 žličica ekstrakta vanilije
- 1/2 žličice ekstrakta ljubičice (po želji)

ZA GLAZURU:
- 1 šalica šećera u prahu
- 2-3 žlice mlijeka
- 1/2 žličice ekstrakta vanilije
- Ljubičasta prehrambena boja (po izboru)
- Osušene latice ljubičice za ukras

UPUTE:
a) Zagrijte pećnicu na 350°F (175°C) i namastite kalup za krafne.

b) U posudi za miješanje pjenasto pomiješajte brašno, šećer, prašak za pecivo, sol i mljevene latice ljubičice.

c) U posebnoj zdjeli pjenasto izmiješajte otopljeni maslac, mlijeko, jaja, ekstrakt vanilije i ekstrakt ljubičice (ako koristite).

d) Dodajte mokre sastojke suhim sastojcima i miješajte dok se ne sjedine.

e) Žlicom stavljajte tijesto u pripremljeni kalup za krafne, ispunjavajući svaku udubinu otprilike do 2/3.

f) Pecite 12-15 minuta ili dok čačkalica zabodena u krafne ne izađe čista.

g) Ostavite krafne da se ohlade u kalupu nekoliko minuta, zatim ih prebacite na rešetku.

h) U maloj zdjeli pomiješajte šećer u prahu, mlijeko, ekstrakt vanilije i ljubičastu prehrambenu boju (ako koristite) da napravite glazuru. Dodajte još mlijeka ako je potrebno da postignete sipku konzistenciju.

i) Umočite svaku krafnu u glazuru, pustite da višak iscuri. Po vrhu pospite suhe latice ljubičice kao ukras.

47.Glazirane krafne od cvijeta bazge

SASTOJCI:
- 2 šalice višenamjenskog brašna
- 1/2 šalice granuliranog šećera
- 2 žličice praška za pecivo
- 1/2 žličice soli
- Korica od 1 limuna
- 1/2 šalice neslanog maslaca, otopljenog
- 1 šalica mlijeka
- 2 velika jaja
- 1 žličica ekstrakta vanilije
- 2 žlice cvijeta bazge srdašca

ZA GLAZURU:
- 1 šalica šećera u prahu
- 2-3 žlice mlijeka
- 1 žlica cvijeta bazge srdačnog
- Jestivo cvijeće za ukrašavanje

UPUTE:
a) Zagrijte pećnicu na 350°F (175°C) i namastite kalup za krafne.
b) U posudi za miješanje pomiješajte brašno, šećer, prašak za pecivo, sol i koricu limuna.
c) U posebnoj zdjeli pjenjačom izmiješajte otopljeni maslac, mlijeko, jaja, ekstrakt vanilije i cvjetove bazge.
d) Dodajte mokre sastojke suhim sastojcima i miješajte dok se ne sjedine.
e) Žlicom stavljajte tijesto u pripremljeni kalup za krafne, ispunjavajući svaku udubinu otprilike do 2/3.
f) Pecite 12-15 minuta ili dok čačkalica zabodena u krafne ne izađe čista.
g) Ostavite krafne da se ohlade u kalupu nekoliko minuta, zatim ih prebacite na rešetku.
h) U maloj zdjeli pomiješajte šećer u prahu, mlijeko i cvijet bazge kako biste napravili glazuru. Dodajte još mlijeka ako je potrebno da postignete sipku konzistenciju.
i) Umočite svaku krafnu u glazuru, pustite da višak iscuri. Ukrasite jestivim cvijećem.

48. Medene krafne od kamilice

SASTOJCI:
- 2 šalice višenamjenskog brašna
- 1/2 šalice granuliranog šećera
- 2 žličice praška za pecivo
- 1/2 žličice soli
- 2 žlice osušenih cvjetova kamilice, sitno samljevenih
- 1/2 šalice neslanog maslaca, otopljenog
- 1 šalica mlijeka
- 2 velika jaja
- 1 žličica ekstrakta vanilije
- 1/4 šalice meda

ZA GLAZURU:
- 1 šalica šećera u prahu
- 2-3 žlice mlijeka
- 1 žlica meda
- Osušeni cvjetovi kamilice za ukras

UPUTE:
a) Zagrijte pećnicu na 350°F (175°C) i namastite kalup za krafne.
b) U posudi za miješanje pjenasto pomiješajte brašno, šećer, prašak za pecivo, sol i mljevene cvjetove kamilice.
c) U posebnoj zdjeli pjenasto izmiješajte otopljeni maslac, mlijeko, jaja, ekstrakt vanilije i med.
d) Dodajte mokre sastojke suhim sastojcima i miješajte dok se ne sjedine.
e) Žlicom stavljajte tijesto u pripremljeni kalup za krafne, ispunjavajući svaku udubinu otprilike do 2/3.
f) Pecite 12-15 minuta ili dok čačkalica zabodena u krafne ne izađe čista.
g) Ostavite krafne da se ohlade u kalupu nekoliko minuta, zatim ih prebacite na rešetku.
h) U maloj zdjeli pomiješajte šećer u prahu, mlijeko i med kako biste napravili glazuru. Dodajte još mlijeka ako je potrebno da postignete sipku konzistenciju.
i) Umočite svaku krafnu u glazuru, pustite da višak iscuri. Po vrhu pospite suhe cvjetove kamilice kao ukras.

VOĆNE KRAFNE

49.Krafne od višanja i čokolade

suhe sastojke
- ¾ šalice bademovog brašna
- ¼ šalice zlatnog obroka od sjemenki lana
- 1 žličica praška za pecivo
- Prstohvat soli
- 10 g pločica tamne čokolade, narezane na komadiće

mokri sastojci
- 2 velika jajeta
- 1 žličica ekstrakta vanilije
- 2 ½ žlice kokosovog ulja
- 3 žlice kokosovog mlijeka

UPUTE:
a) U velikoj zdjeli za miješanje pomiješajte suhe sastojke (osim tamne čokolade).
b) Pomiješajte mokre sastojke, a zatim umiješajte komadiće tamne čokolade.
c) Uključite aparat za krafne i nauljite ga ako je potrebno.
d) Ulijte tijesto u kalup za krafne, zatvorite i kuhajte oko 4-5 minuta.
e) Smanjite vatru i kuhajte još 2-3 minute.
f) Ponovite za ostatak tijesta i zatim poslužite.

50. Baileys krafne s ananasom

SASTOJCI:
- 1-½ šalice višenamjenskog brašna
- ¼ šalice šećera
- 1 žličica praška za pecivo
- ½ žličice soli
- ¼ žličice sode bikarbone
- ⅓ šalice hladnog maslaca
- 1 veće jaje, sobne temperature
- ¾ šalice kiselog vrhnja
- 3 žlice likera Baileys

PRELJEV:
- 1-½ šalice svježeg ananasa, narezanog na komade od ½ inča
- 3 žlice šećera, podijeliti
- 1 do 2 žlice likera Baileys
- 1 žličica ribane korice limete
- ½ šalice jakog vrhnja za šlag
- 1 srednja limeta, tanko narezana, po želji

UPUTE:
a) Prethodno zagrijte pećnicu na 350°F. Pošpricajte posudu za krafne neljepljivim sprejom i ostavite sa strane.
b) U zdjeli pomiješajte brašno, prašak za pecivo, sol i začine i ostavite sa strane.
c) U velikoj zdjeli pomiješajte ulje, grčki jogurt, smeđi šećer, jaje, vaniliju, bundevino i bademovo mlijeko dok se ne sjedine.
d) Polako dodajte suhe sastojke u smjesu i miješajte dok se ne sjedine, pazeći da se ne izmiješaju previše ili će krafne biti žilave i žvakaće.
e) Koristeći slastičarsku vrećicu ili plastičnu vrećicu s odrezanim kutom, izlijte tijesto u svaku šalicu za krafne, otprilike ⅔ punu, ali ne prelijevajući se.
f) Pecite 11 - 13 minuta, dok krafne ne poskoče kada se lagano pritisnu.
g) Okrenite krafne na rešetku i ostavite da se potpuno ohlade.
h) Dok se krafne hlade napravite Baileys glazuru.

BAILEYS GLAZURA
i) Pomiješajte sve sastojke u maloj posudi i miksajte dok ne postane glatko.
j) Nakon što se krafne potpuno ohlade, vrh svake krafne umočite u glazuru i vratite na rešetku.

51. Krafne od juzu-skute

SASTOJCI:
KRAFNE:
- ½ šalice mlijeka
- ¼ šalice tople vode
- 2 ½ žličice aktivnog suhog kvasca
- 3 ½ šalice + 2 žlice griz brašna
- 1 ½ šalice šećera
- 1 ½ žličice soli
- 3 jaja
- 8 žlica maslaca, omekšalog
- Ulje za prženje

YUZU SKUTA:
- 6 žumanjaka
- 1 šalica šećera
- ½ šalice yuzu soka
- 1 štapić maslaca narezan na kockice

YUZU ŠEĆER:
- ½ šalice šećera
- ribana korica 4 yuzua ili 2 limete ili limuna

UPUTE:
KRAFNE:

a) U zdjeli miksera pomiješajte kvasac, mlijeko i toplu vodu i ostavite da odstoji nekoliko minuta.

b) Dodajte brašno, šećer, sol i jaja i miješajte na srednje niskoj brzini s kukom za tijesto dok se tijesto ne sjedini, oko 5 minuta.

c) Dodajte maslac, žlicu po žlicu i nastavite miksati još 5 minuta dok tijesto ne postane glatko i sjajno. Zamotajte tijesto i stavite u hladnjak preko noći.

d) Razvaljajte tijesto na debljinu od oko ½ inča. Okruglim kalupom za kekse od 3 inča izrežite 12 do 14 krugova. Posložite ih na pobrašnjen lim za pečenje, pokrijte plastičnom folijom i ostavite da se dižu na toplom 2 ½ – 3 sata.

e) Zagrijte ulje na 350'F. Pržite krafne u zagrijanom ulju oko 2 do 3 minute sa svake strane. Uštipke prebaciti u tepsiju obloženu papirnatim ručnicima. Pričekajte 2-3 minute da se uvaljaju u yuzu šećer. Cool.

f) Izdubite rupu pomoću štapića sa strane svake krafne i ubacite malo yuzu skute unutra. Bolje pojesti isti dan.

YUZU SKUTA:
a) Dodajte oko 1 šalicu vode u srednju posudu za umake. Zakuhajte. U metalnoj zdjeli srednje veličine pjenasto miksajte žumanjke i šećer oko 1 minutu. Dodajte sok u smjesu jaja i miješajte dok ne postane glatka.
b) Stavite zdjelu na vrh lonca. Miješajte dok se ne zgusne, otprilike 8 minuta, ili dok smjesa ne postane svijetlo žuta i prekrije stražnju stranu žlice.
c) Maknite s vatre i malo po malo umiješajte maslac. Maknite s vatre i pokrijte slojem plastične folije izravno na površinu skute. Ohladiti.
YUZU ŠEĆER:
d) Vrhom prstiju trljajte šećer s koricom citrusa dok ne zamiriše.

52. Limun krafne s pistacijama

SASTOJCI:
ZA KRAFNE:
- Neljepljivi sprej za kuhanje
- ½ šalice granuliranog šećera
- Naribana korica i sok 1 limuna
- 1 ½ šalice višenamjenskog brašna
- ¾ žličice praška za pecivo
- ¼ žličice sode bikarbone
- ¼ žličice soli
- ⅓ šalice mlaćenice
- ⅓ šalice punomasnog mlijeka
- 6 žlica neslanog maslaca, na sobnoj temperaturi
- 1 jaje
- 2 žličice ekstrakta vanilije

ZA GLAZURU
- ½ šalice običnog grčkog jogurta ili drugog punomasnog mliječnog jogurta
- Naribana korica 1 limuna
- ¼ žličice soli
- 1 šalica slastičarskog šećera
- ½ šalice prženih pistacija, nasjeckanih

UPUTE:
a) Za izradu krafni prethodno zagrijte pećnicu na 375°F.
b) Premažite udubine posude za krafne neljepljivim sprejom za kuhanje.
c) U maloj posudi pomiješajte granulirani šećer i koricu limuna. Vrhovima prstiju utrljajte koricu u šećer. U drugoj zdjeli pomiješajte brašno, prašak za pecivo, sodu bikarbonu i sol. U posudi za mjerenje pomiješajte mlaćenicu, punomasno mlijeko i limunov sok.
d) U zdjeli samostojećeg miksera opremljenog nastavkom s lopaticom, tucite zajedno smjesu šećera i maslaca na srednjoj brzini dok ne postane svijetlo i pjenasto, oko 2 minute. Ostružite stijenke zdjele. Dodajte jaje i vaniliju i tucite srednjom brzinom dok se ne sjedini, oko 1 minutu.
e) Na niskoj brzini dodajte smjesu brašna u 3 dijela, naizmjenično s mješavinom mlijeka te počevši i završavajući s brašnom. Tucite svaki dodatak dok se ne sjedini.

f) Ulijte 2 žlice. tijesto u svaku pripremljenu jažicu. Pecite, okrećući posudu za 180 stupnjeva na pola pečenja, dok čačkalica zabodena u krafne ne izađe čista, oko 10 minuta. Pustite da se ohlade u tavi na rešetki 5 minuta, zatim preokrenite krafne na rešetku i ostavite da se potpuno ohlade. U međuvremenu operite i osušite tavu i ponovite da ispečete preostalo tijesto.
g) Za glazuru, u zdjeli pomiješajte jogurt, limunovu koricu i sol.
h) Dodajte slastičarski šećer i miješajte dok smjesa ne postane glatka i dobro izmiješana.
i) Umočite krafne gornjom stranom prema dolje u glazuru, pospite pistaćima i poslužite.

53.Krafne od skute od marakuje

SASTOJCI:
ZA SKUTU OD PASSIONFRUTA
- ½ šalice granuliranog šećera
- 3 velika žumanjka
- ¼ šalice pirea od marakuje
- 2 žlice svježe iscijeđenog soka od limuna
- ½ šalice hladnog neslanog maslaca, izrezanog na kockice od 1 inča

ZA KRAFNE
- ¾ šalice (6 tekućih unci) punomasnog mlijeka
- 2 velika jaja
- 2 velika žumanjka
- 3 ½ šalice višenamjenskog brašna
- 1 ¼ šalice granuliranog šećera, podijeljeno
- 2 ¼ žličice instant kvasca
- 1 žličica košer soli
- 6 žlica neslanog maslaca, narezanog na kockice
- biljno ulje, za prženje

UPUTE:
ZA SKUTU OD PASSIONFRUTA

a) U loncu srednje debelog dna, pjenasto izmiješajte ½ šalice granuliranog šećera i 3 velika žumanjka dok se dobro ne sjedine i dobijete homogenu blijedožutu smjesu. Umiješajte ¼ šalice marakuje i 2 žlice svježeg soka od limuna dok se smjesa ne razrijedi i stavite lonac na srednju vatru. Kuhajte neprestano miješajući drvenom kuhačom (i obavezno koristite gumenu lopaticu otpornu na toplinu da stružete stijenke tave) dok smjesa ne postane dovoljno gusta da pokrijete stražnju stranu žlice, 8 do 10 minuta, i ne dostigne 160 (F) na termometru s trenutnim očitavanjem.

b) Nakon što se smjesa zagrije na 160 (F), maknite s vatre i umiješajte ½ šalice neslanog maslaca nasjeckanog na kockice, nekoliko kockica odjednom, dodajući tek kada su prethodne kockice u potpunosti uklopljene. Nakon što ste dodali sav maslac, procijedite skutu pomoću finog sita u malu staklenu zdjelu. Pokrijte plastičnom folijom, pritišćući plastiku izravno na površinu skute kako biste spriječili stvaranje kožice. Stavite u hladnjak dok se ne ohladi i stegne, najmanje 2 do 3 sata (ali najbolje preko noći). Skuta se čuva u zatvorenoj staklenoj posudi u hladnjaku do 2 tjedna.

Za krafne

c)   Za pripremu tijesta, stavite ¾ šalice punomasnog mlijeka da zakipi na srednjoj vatri u malom loncu. Pažljivo pazite da mlijeko ne zakipi. Ulijte mlijeko u posudu za mjerenje tekućine i ostavite da se ohladi na između 105 (F) i 110 (F). Kad se mlijeko ohladi, u mlijeko dodati 2 velika jaja i 2 velika žumanjka i lagano umutiti da se sjedini.
d)   U zdjeli samostojećeg miksera opremljenog nastavkom s lopaticom pomiješajte 3 ½ šalice višenamjenskog brašna, ¼ šalice granuliranog šećera, 2 ¼ žličice instant kvasca i jednu žličicu košer soli. Dodajte mliječnu smjesu i miješajte dok se ne sjedini.
e)   Prebacite na kuku za tijesto i mijesite tijesto na maloj brzini, oko 3 minute. Tijesto će izgledati ljepljivo, ali to je u redu. Dodajte 6 žlica neslanog maslaca, kockicu ili dvije odjednom. Ako se maslac ne sjedini, izvadite zdjelu iz miksera i mijesite maslac rukama minutu kako biste započeli. Samo dodajte i mijesite dok se dobro ne sjedini.
f)   Nakon što se maslac uklopio, povećajte brzinu miksera na srednju i mijesite tijesto još nekoliko minuta dok ne postane glatko i elastično. Prebacite tijesto u lagano podmazanu srednju zdjelu, pokrijte plastičnom folijom i stavite u hladnjak na najmanje tri sata, ali najbolje preko noći.
g)   Kada se tijesto ohladi, obložite dva lima za pečenje papirom za pečenje. Papir za pečenje obilno poprskajte sprejom za kuhanje.
h)   Prebacite hladno tijesto na lagano pobrašnjenu radnu površinu i razvaljajte ga u grubi pravokutnik veličine 9 x 13 inča debljine oko ½ inča. Koristite kalup za kekse od 3 ½ inča da izrežete 12 krugova tijesta i stavite ih na pripremljene listove. Lagano pospite brašnom po vrhu svakog kruga tijesta i lagano ih prekrijte plastičnom folijom. Stavite na toplo mjesto da se diže dok se tijesto ne napuhne i polako se vrati kada se lagano pritisne, oko jedan sat.
i)   Kada ste spremni pržiti krafne, obložite rešetku papirnatim ručnicima. Stavite 1 šalicu granuliranog šećera u srednju posudu. Dodajte biljno ulje u srednji lonac s debelim dnom dok ne dobijete otprilike dva inča ulja. Pričvrstite termometar za slatkiše na stranu lonca i zagrijte ulje na 375 (F). Pažljivo dodajte 1 do 2 krafne u ulje i pržite ih dok ne porumene, oko 1 do 2 minute po strani. Rupičastom žlicom izvadite krafne iz ulja i prebacite ih na pripremljenu rešetku. Nakon otprilike 1 ili 2 minute, kada se krafne dovoljno ohlade za rukovanje, bacite ih u zdjelu s granuliranim šećerom dok se ne pokriju. Ponovite s preostalim tijestom.
ISPUNITI

j)   Za punjenje krafni, vrhom Bismarck tijesta (ili drškom drvene žlice) probušite rupu na jednoj strani svake, pazeći da ne probijete drugu stranu.

k)   Napunite slastičarsku vrećicu s malim okruglim vrhom (ili vrhom Bismarck krafne, ako želite) skutom od passionfruita. Umetnite vrh slastičarske vrećice u rupu i lagano je stisnite kako biste ispunili svaku krafnu.

l)   Poslužite višak skute sa strane kao umak za umakanje (također dobro funkcionira s vaflima!). Krafne su najbolje onog dana kada su napravljene.

54. Uštipci za tortu od borovnica

SASTOJCI:
- 1 šalica višenamjenskog brašna
- ½ šalice granuliranog šećera
- 1 ½ žličice praška za pecivo
- ½ žličice soli
- ½ žličice mljevenog cimeta
- ¼ žličice mljevenog muškatnog oraščića
- ⅓ šalice mlaćenice
- ¼ šalice biljnog ulja
- 1 veliko jaje
- ½ žličice ekstrakta vanilije
- ½ šalice svježih borovnica

UPUTE:
a) Zagrijte pećnicu na 350°F (175°C). Namastite kalup za krafne neljepljivim sprejom za kuhanje i ostavite sa strane.
b) U velikoj zdjeli za miješanje pomiješajte brašno, šećer, prašak za pecivo, sol, cimet i muškatni oraščić dok se dobro ne sjedine.
c) U zasebnoj zdjeli za miješanje pomiješajte mlaćenicu, biljno ulje, jaje i ekstrakt vanilije dok se dobro ne sjedine.
d) Ulijte mokre sastojke u suhe sastojke i miješajte dok se ne sjedine.
e) Nježno umiješajte borovnice dok se ravnomjerno ne rasporede po tijestu.
f) Premjestite tijesto u vrećicu i ulijte u pripremljeni kalup za krafne, ispunjavajući svaku udubinu otprilike do ⅔.
g) Pecite 12-15 minuta ili dok čačkalica zabodena u sredinu krafne ne izađe čista.
h) Izvadite posudu iz pećnice i ostavite krafne da se ohlade u posudi 5 minuta prije nego što ih prebacite na rešetku da se potpuno ohlade.
i) Po želji: ohlađene krafne možete umočiti i u jednostavnu glazuru od šećera u prahu i mlijeka za dodatnu slatkoću.
j) Poslužite i uživajte u ukusnim krafnama za tortu od borovnica!

KRAFNE SA SJEMENIMA

55. Uštipci s limunom i makom

SASTOJCI:
- 1 šalica višenamjenskog brašna
- ⅓ šalice granuliranog šećera
- 1 žlica maka
- 1 žličica praška za pecivo
- ¼ žličice sode bikarbone
- ¼ žličice soli
- ½ šalice mlaćenice
- 1 veliko jaje
- 2 žlice neslanog maslaca, otopljenog i ohlađenog
- 1 žlica svježeg soka od limuna
- 1 žličica limunove korice
- ½ žličice ekstrakta vanilije

Za glazuru:
- ½ šalice šećera u prahu
- 1 žlica svježeg soka od limuna
- 1 žličica limunove korice

UPUTE:

a) Zagrijte pećnicu na 350°F (180°C). Namastite kalup za krafne sprejom za kuhanje i ostavite sa strane.

b) U velikoj zdjeli pjenasto pomiješajte brašno, šećer, mak, prašak za pecivo, sodu bikarbonu i sol.

c) U zasebnoj posudi umutite mlaćenicu, jaje, otopljeni maslac, limunov sok, limunovu koricu i ekstrakt vanilije dok ne postane glatko.

d) Ulijte mokre sastojke u suhe sastojke i miješajte dok se ne sjedine.

e) Žlicom stavljajte tijesto u pripremljeni kalup za krafne, ispunjavajući svaki kalup otprilike do ⅔.

f) Pecite 12-14 minuta ili dok čačkalica zabodena u sredinu krafne ne izađe čista.

g) Ostavite krafne da se ohlade u kalupu nekoliko minuta prije nego što ih prebacite na rešetku da se potpuno ohlade.

h) Kako biste napravili glazuru, u maloj posudi izmiješajte šećer u prahu, limunov sok i limunovu koricu dok ne postane glatko.

i) Umočite vrh svake ohlađene krafne u glazuru, a zatim ih vratite na rešetku da se stvrdnu.

56.Krafne od cjelovitih sjemenki bundeve

SASTOJCI:
- 1 šalica integralnog pšeničnog brašna
- ¼ šalice višenamjenskog brašna
- ¼ šalice sjemenki bundeve, sitno mljevenih
- ½ šalice smeđeg šećera
- 1 žličica praška za pecivo
- ½ žličice sode bikarbone
- ½ žličice soli
- ½ žličice mljevenog cimeta
- ¼ žličice mljevenog đumbira
- ¼ žličice mljevenog muškatnog oraščića
- ½ šalice mlaćenice
- ½ šalice pirea od bundeve
- 2 žlice biljnog ulja
- 1 veliko jaje
- 1 žličica ekstrakta vanilije

Za glazuru:
- ½ šalice šećera u prahu
- 1 žlica mlijeka
- ¼ žličice ekstrakta vanilije
- 1 žlica sjemenki bundeve, prepečenih i nasjeckanih

UPUTE:
a) Zagrijte pećnicu na 375°F. Namastite kalup za krafne i ostavite sa strane.
b) U velikoj zdjeli pomiješajte brašno, sjemenke bundeve, smeđi šećer, prašak za pecivo, sodu bikarbonu, sol, cimet, đumbir i muškatni oraščić.
c) U drugoj zdjeli pomiješajte mlaćenicu, pire od bundeve, biljno ulje, jaje i ekstrakt vanilije.
d) Ulijte mokre sastojke u suhe sastojke i miješajte dok se ne sjedine.
e) Žlicom stavljajte tijesto u pripremljeni kalup za krafne, ispunjavajući svaki kalup otprilike ¾.
f) Pecite 10-12 minuta ili dok krafne ne porumene i dok čačkalica zabodena u sredinu ne izađe čista.
g) Ostavite krafne da se ohlade u kalupu 5 minuta, zatim ih prebacite na rešetku da se potpuno ohlade.
h) Da biste napravili glazuru, pjenjačom izmiješajte šećer u prahu, mlijeko i ekstrakt vanilije dok ne postane glatko.
i) Ohlađene krafne vrhove umočite u glazuru, pa pospite nasjeckanim tostiranim sjemenkama bundeve.
j) Pustite da se glazura stegne nekoliko minuta, a zatim poslužite i uživajte!

57.Uštipci s chia sjemenkama

SASTOJCI:

- 1 šalica višenamjenskog brašna
- ½ šalice šećera
- 1 žličica praška za pecivo
- ½ žličice soli
- 2 žlice sjemenki chije
- ½ šalice mlijeka
- 1 jaje
- 1 žličica ekstrakta vanilije
- ¼ šalice biljnog ulja

UPUTE:

a) Zagrijte pećnicu na 350°F (180°C).
b) U zdjeli za miješanje pomiješajte brašno, šećer, prašak za pecivo, sol i chia sjemenke.
c) U posebnoj zdjeli pomiješajte mlijeko, jaje, ekstrakt vanilije i biljno ulje.
d) Dodajte mokre sastojke suhim sastojcima i miješajte dok se ne sjedine.
e) Tijesto izliti u podmazan kalup za krafne.
f) Pecite 10-12 minuta, ili dok čačkalica zabodena u krafnu ne izađe čista.
g) Izvadite krafne iz pećnice i ostavite da se ohlade u kalupu 5 minuta prije nego što ih prebacite na rešetku da se potpuno ohlade.

58. Krafne sa sjemenkama sezama

SASTOJCI:
- 2 šalice višenamjenskog brašna
- 1/2 šalice granuliranog šećera
- 2 žličice praška za pecivo
- 1/2 žličice soli
- 1/4 šalice neslanog maslaca, otopljenog
- 1 šalica mlijeka
- 2 velika jaja
- 1 žličica ekstrakta vanilije
- 1/2 šalice sjemenki sezama

ZA GLAZURU:
- 1 šalica šećera u prahu
- 2-3 žlice mlijeka
- 1/4 šalice sjemenki sezama

UPUTE:
a) Zagrijte pećnicu na 350°F (175°C) i namastite kalup za krafne.
b) U posudi za miješanje pomiješajte brašno, šećer, prašak za pecivo i sol.
c) U posebnoj zdjeli pjenjačom izmiješajte otopljeni maslac, mlijeko, jaja i ekstrakt vanilije.
d) Dodajte mokre sastojke suhim sastojcima i miješajte dok se ne sjedine.
e) Žlicom stavljajte tijesto u pripremljeni kalup za krafne, ispunjavajući svaku udubinu otprilike do 2/3.
f) Ravnomjerno pospite sjemenke sezama po tijestu za krafne.
g) Pecite 12-15 minuta ili dok čačkalica zabodena u krafne ne izađe čista.
h) U maloj zdjeli umutite šećer u prahu i mlijeko da napravite glazuru. Dodajte još mlijeka ako je potrebno da postignete sipku konzistenciju.
i) Umočite svaku krafnu u glazuru, pustite da višak opadne, a zatim pospite sezamom.

59.Uštipci s makom

SASTOJCI:
- 2 šalice višenamjenskog brašna
- 1/2 šalice granuliranog šećera
- 2 žličice praška za pecivo
- 1/2 žličice soli
- 2 žlice maka
- 1 šalica mlijeka
- 1/4 šalice biljnog ulja
- 2 velika jaja
- 1 žličica ekstrakta vanilije

ZA GLAZURU:
- 1 šalica šećera u prahu
- 2-3 žlice mlijeka
- 1 žlica maka

UPUTE:
a) Zagrijte pećnicu na 350°F (175°C) i namastite kalup za krafne.
b) U posudi za miješanje pjenasto pomiješajte brašno, šećer, prašak za pecivo, sol i mak.
c) U posebnoj zdjeli pomiješajte mlijeko, biljno ulje, jaja i ekstrakt vanilije.
d) Dodajte mokre sastojke suhim sastojcima i miješajte dok se ne sjedine.
e) Žlicom stavljajte tijesto u pripremljeni kalup za krafne, ispunjavajući svaku udubinu otprilike do 2/3.
f) Pecite 12-15 minuta ili dok čačkalica zabodena u krafne ne izađe čista.
g) U maloj zdjeli umutite šećer u prahu i mlijeko da napravite glazuru. Dodajte još mlijeka ako je potrebno da postignete sipku konzistenciju.
h) Svaku krafnu umočiti u glazuru, pustiti da višak ocijedi pa posuti makom.

60. Uštipci od lanenog sjemena

SASTOJCI:
- 2 šalice višenamjenskog brašna
- 1/2 šalice granuliranog šećera
- 2 žličice praška za pecivo
- 1/2 žličice soli
- 2 žlice mljevenog lanenog sjemena
- 1 šalica mlijeka
- 1/4 šalice neslanog maslaca, otopljenog
- 2 velika jaja
- 1 žličica ekstrakta vanilije

ZA GLAZURU:
- 1 šalica šećera u prahu
- 2-3 žlice mlijeka
- 1 žlica mljevenog lanenog sjemena

UPUTE:
a) Zagrijte pećnicu na 350°F (175°C) i namastite kalup za krafne.
b) U posudi za miješanje pjenasto pomiješajte brašno, šećer, prašak za pecivo, sol i mljeveno laneno sjeme.
c) U posebnoj zdjeli pjenasto izmiješajte mlijeko, otopljeni maslac, jaja i ekstrakt vanilije.
d) Dodajte mokre sastojke suhim sastojcima i miješajte dok se ne sjedine.
e) Žlicom stavljajte tijesto u pripremljeni kalup za krafne, ispunjavajući svaku udubinu otprilike do 2/3.
f) Pecite 12-15 minuta ili dok čačkalica zabodena u krafne ne izađe čista.
g) U maloj zdjeli umutite šećer u prahu i mlijeko da napravite glazuru. Dodajte još mlijeka ako je potrebno da postignete sipku konzistenciju.
h) Umočite svaku krafnu u glazuru, pustite da višak opadne, a zatim pospite mljevenim lanenim sjemenkama.

61. Krafne sa sjemenkama suncokreta

SASTOJCI:
- 2 šalice višenamjenskog brašna
- 1/2 šalice granuliranog šećera
- 2 žličice praška za pecivo
- 1/2 žličice soli
- 1/2 šalice suncokretovih sjemenki
- 1 šalica mlijeka
- 1/4 šalice biljnog ulja
- 2 velika jaja
- 1 žličica ekstrakta vanilije

ZA GLAZURU:
- 1 šalica šećera u prahu
- 2-3 žlice mlijeka
- 1/4 šalice suncokretovih sjemenki

UPUTE:
a) Zagrijte pećnicu na 350°F (175°C) i namastite kalup za krafne.
b) U zdjeli za miješanje pjenasto pomiješajte brašno, šećer, prašak za pecivo, sol i suncokretove sjemenke.
c) U posebnoj zdjeli pomiješajte mlijeko, biljno ulje, jaja i ekstrakt vanilije.
d) Dodajte mokre sastojke suhim sastojcima i miješajte dok se ne sjedine.
e) Žlicom stavljajte tijesto u pripremljeni kalup za krafne, ispunjavajući svaku udubinu otprilike do 2/3.
f) Pecite 12-15 minuta ili dok čačkalica zabodena u krafne ne izađe čista.
g) U maloj zdjeli umutite šećer u prahu i mlijeko da napravite glazuru. Dodajte još mlijeka ako je potrebno da postignete sipku konzistenciju.
h) Svaku krafnu umočite u glazuru, pustite da višak opadne, a zatim pospite suncokretovim sjemenkama.

KRAFNE OD OREHA

62. Krafna s vrhom lješnjaka

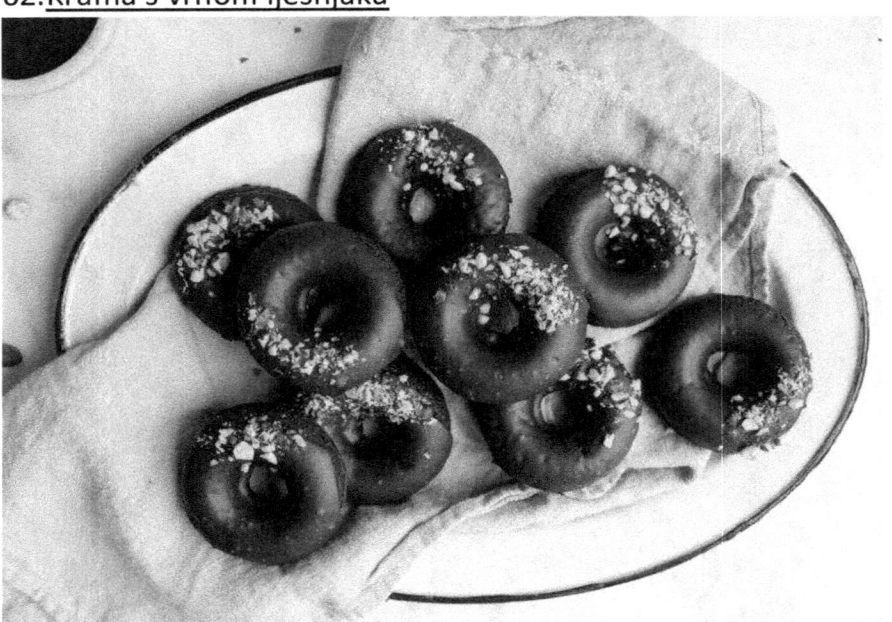

SASTOJCI:
- 1 krafna, glazirana, vodoravno prepolovljena
- 2 žlice Nutelle

UPUTE:
a) Stavite Nutellu na obje prerezane strane polovica krafni.
b) Stavite gornju polovicu na donju i uživajte.
c) Uživati.

63. Tostirane pečene krafne s kokosom

SASTOJCI:
- ¼ šalice neslanog omekšalog maslaca
- ¼ šalice biljnog ulja
- ½ šalice granuliranog šećera
- ⅓ šalice smeđeg šećera
- 2 velika jaja
- 1½ žličice praška za pecivo
- ¼ žličice sode bikarbone
- ½ žličice muškatnog oraščića
- ½ žličice soli
- 1½ žličice ekstrakta vanilije
- 2⅔ šalice višenamjenskog brašna
- 1 šalica mlaćenice

GLAZURA
- 1 šalica šećera u prahu
- 1 žlica svijetlog kukuruznog sirupa
- 1 žlica otopljenog maslaca
- 2 žlice mlijeka
- ½ žličice ekstrakta vanilije
- ⅛ žličice soli

PEČENI KOKOS
- 1 šalica zaslađenog naribanog kokosa ili prženog kokosa

UPUTE:
a) Zagrijte pećnicu na 425°. Namastite kalup za krafne ili ga poprskajte neljepljivim sprejom za kuhanje.

b) U velikoj zdjeli pomiješajte maslac, ulje i šećere dok smjesa ne postane glatka.

c) Umutite jedno po jedno jaje dok se ne sjedini.

d) U smjesu dodajte prašak za pecivo, sodu bikarbonu, muškatni oraščić i vaniliju. Miješajte dok se ne sjedini.

e) Umiješajte brašno naizmjenično s mlaćenicom, počevši i završavajući s brašnom. Miješajte tek toliko da se sjedini.

f) Koristeći žlicu, napunite jamice za krafne ¾ pune tijestom. Tijesto je malo kruto. Čačkalicom raširite tijesto do rubova pojedinačnih udubljenja za krafne.

g) Pecite na središnjoj rešetki prethodno zagrijane pećnice 10 minuta. Krafne su gotove kada poskoče na lagani pritisak. Krafne će biti blijede i neće potamniti pečenjem, to je normalno.

h) Izvadite posudu iz pećnice i ostavite krafne da se malo ohlade prije nego što preokrenete posudu za vađenje.

i) Napravite glazuru kombinirajući slastičarski šećer, kukuruzni sirup, otopljeni maslac, mlijeko, vaniliju i sol u maloj posudi. Temeljito promiješajte. Ako je glazura pregusta, dodajte još 1 čajnu žličicu mlijeka do željene konzistencije.

j) Dodajte kokos u veliku tavu na laganoj i srednjoj vatri. Kuhajte uz stalno miješanje dok pahuljice uglavnom ne porumene. Maknite s vatre i premjestite tostirani kokos u posudu da se ohladi.

k) Lagano tople krafne umočiti u glazuru pa u tostirani kokos. Pritisnite kokos kako biste lakše prionuli na glazuru.

l) Stavite krafne na rešetku za hlađenje kako bi se glazura stvrdnula prije posluživanja.

64. Uštipci od javorovog oraha

SASTOJCI:
- 1 ½ šalice višenamjenskog brašna
- ½ šalice granuliranog šećera
- 1 ½ žličica praška za pecivo
- ½ žličice soli
- ½ žličice mljevenog cimeta
- ½ šalice mlaćenice
- 2 jaja
- ¼ šalice neslanog maslaca, otopljenog
- ¼ šalice čistog javorovog sirupa
- ½ šalice nasjeckanih oraha

UPUTE:
a) Zagrijte pećnicu na 350°F. Namastite kalup za krafne neljepljivim sprejom za kuhanje.
b) U srednjoj zdjeli za miješanje pomiješajte brašno, šećer, prašak za pecivo, sol i cimet.
c) U zasebnoj zdjeli za miješanje umutite mlaćenicu, jaja, rastopljeni maslac i javorov sirup dok ne postane glatko.
d) Dodajte mokre sastojke suhim sastojcima i miješajte dok se ne sjedine.
e) Umiješajte nasjeckane orahe.
f) Žlicom stavljajte tijesto u pripremljeni kalup za krafne, ispunjavajući svaki kalup otprilike do ⅔.
g) Pecite 12-15 minuta ili dok krafne ne poprime laganu zlatnu boju i dok čačkalica zabodena u sredinu ne izađe čista.
h) Ostavite krafne da se ohlade u kalupu 5 minuta prije nego ih izvadite i prebacite na rešetku da se potpuno ohlade.

65. Radost krafne od badema

SASTOJCI:

- 1 ½ šalice višenamjenskog brašna
- ½ šalice granuliranog šećera
- ⅓ šalice nezaslađenog kakaa u prahu
- 1 žličica praška za pecivo
- ½ žličice sode bikarbone
- ½ žličice soli
- ½ šalice mlaćenice
- ⅓ šalice biljnog ulja
- 2 jaja
- 1 žličica ekstrakta vanilije
- ½ šalice nasjeckanih badema
- ½ šalice naribanog kokosa
- ½ šalice malih komadića čokolade

UPUTE:

a) Zagrijte pećnicu na 350°F (180°C) i namastite kalup za krafne.

b) U posudi za miješanje pomiješajte brašno, šećer, kakao prah, prašak za pecivo, sodu bikarbonu i sol.

c) U posebnoj zdjeli pomiješajte mlaćenicu, jaje, biljno ulje i ekstrakt vanilije.

d) Ulijte mokre sastojke u suhe sastojke i miješajte dok se ne sjedine.

e) Umiješajte nasjeckani kokos, nasjeckane bademe i komadiće čokolade.

f) Žlicom stavljajte tijesto u pripremljeni kalup za krafne, ispunjavajući svaki kalup otprilike ¾.

g) Pecite 12-15 minuta ili dok čačkalica zabodena u sredinu ne izađe čista.

h) Ostavite krafne da se ohlade u kalupu nekoliko minuta prije nego što ih prebacite na rešetku da se potpuno ohlade.

66. Krafne s maslacem od kikirikija

SASTOJCI:
- 1 ¾ šalice višenamjenskog brašna
- ½ šalice granuliranog šećera
- 2 žličice praška za pecivo
- ½ žličice soli
- ½ šalice kremastog maslaca od kikirikija
- ¼ šalice neslanog maslaca, otopljenog
- ¾ šalice mlijeka
- 2 velika jaja
- 1 žličica ekstrakta vanilije
- ½ šalice nasjeckanog kikirikija (za preljev)

UPUTE:
a) Zagrijte pećnicu na 350°F (175°C) i namastite kalup za krafne.
b) U posudi za miješanje pomiješajte brašno, šećer, prašak za pecivo i sol.
c) U zasebnoj zdjeli pjenasto izmiksajte maslac od kikirikija, otopljeni maslac, mlijeko, jaja i ekstrakt vanilije dok smjesa ne postane glatka.
d) Dodajte mokre sastojke suhim sastojcima i miješajte dok se ne sjedine.
e) Žlicom stavljajte tijesto u pripremljeni kalup za krafne, ispunjavajući svaku udubinu otprilike do 2/3.
f) Ravnomjerno pospite nasjeckani kikiriki po tijestu za krafne.
g) Pecite 12-15 minuta ili dok čačkalica zabodena u krafne ne izađe čista.
h) Ostavite krafne da se ohlade u kalupu nekoliko minuta prije nego što ih prebacite na rešetku da se potpuno ohlade.

67. Mocha krafne od lješnjaka

SASTOJCI:
- 1 ¾ šalice višenamjenskog brašna
- ½ šalice granuliranog šećera
- 2 žličice praška za pecivo
- ½ žličice soli
- ¼ šalice neslanog maslaca, otopljenog
- ½ šalice mlijeka
- 2 žlice granula instant kave
- 2 velika jaja
- 1 žličica ekstrakta vanilije
- ½ šalice nasjeckanih lješnjaka
- ½ šalice šećera u prahu
- 2 žlice mlijeka
- 1 žlica kakaa u prahu
- Sjeckani lješnjaci za preljev

UPUTE:
a) Zagrijte pećnicu na 350°F (175°C) i namastite kalup za krafne.
b) U posudi za miješanje pomiješajte brašno, šećer, prašak za pecivo i sol.
c) U posebnoj zdjeli pjenjačom izmiješajte otopljeni maslac, mlijeko, granule instant kave, jaja i ekstrakt vanilije.
d) Dodajte mokre sastojke suhim sastojcima i miješajte dok se ne sjedine.
e) Ubacite nasjeckane lješnjake.
f) Žlicom stavljajte tijesto u pripremljeni kalup za krafne, ispunjavajući svaku udubinu otprilike do 2/3.
g) Pecite 12-15 minuta ili dok čačkalica zabodena u krafne ne izađe čista.
h) U maloj zdjeli pomiješajte šećer u prahu, mlijeko i kakao prah da napravite glazuru.
i) Svaku krafnu umočite u glazuru, a višak ocijedite pa pospite nasjeckanim lješnjacima.

68.Uštipci od pistacija

SASTOJCI:
- 1 ¾ šalice višenamjenskog brašna
- ½ šalice granuliranog šećera
- 2 žličice praška za pecivo
- ½ žličice soli
- ¼ šalice neslanog maslaca, otopljenog
- ½ šalice mlijeka
- 2 velika jaja
- 1 žličica ekstrakta vanilije
- ½ šalice nasjeckanih pistacija
- ½ šalice šećera u prahu
- 2 žlice mlijeka
- Sjeckani pistacije za preljev

UPUTE:
a) Zagrijte pećnicu na 350°F (175°C) i namastite kalup za krafne.
b) U posudi za miješanje pomiješajte brašno, šećer, prašak za pecivo i sol.
c) U posebnoj zdjeli pjenjačom izmiješajte otopljeni maslac, mlijeko, jaja i ekstrakt vanilije.
d) Dodajte mokre sastojke suhim sastojcima i miješajte dok se ne sjedine.
e) Ubacite nasjeckane pistacije.
f) Žlicom stavljajte tijesto u pripremljeni kalup za krafne, ispunjavajući svaku udubinu otprilike do 2/3.
g) Pecite 12-15 minuta ili dok čačkalica zabodena u krafne ne izađe čista.
h) U maloj zdjeli umutite šećer u prahu i mlijeko da napravite glazuru.
i) Umočite svaku krafnu u glazuru, pustite da višak opadne, a zatim pospite nasjeckanim pistaćima.

69. Karamel krafne od oraha

SASTOJCI:
- 1 ¾ šalice višenamjenskog brašna
- ½ šalice granuliranog šećera
- 2 žličice praška za pecivo
- ½ žličice soli
- ¼ šalice neslanog maslaca, otopljenog
- ½ šalice mlijeka
- 2 velika jaja
- 1 žličica ekstrakta vanilije
- ½ šalice nasjeckanih oraha
- 1 šalica karamel umaka
- Sjeckani orasi za preljev

UPUTE:
a) Zagrijte pećnicu na 350°F (175°C) i namastite kalup za krafne.
b) U posudi za miješanje pomiješajte brašno, šećer, prašak za pecivo i sol.
c) U posebnoj zdjeli pjenjačom izmiješajte otopljeni maslac, mlijeko, jaja i ekstrakt vanilije.
d) Dodajte mokre sastojke suhim sastojcima i miješajte dok se ne sjedine.
e) Umiješajte nasjeckane orahe.
f) Žlicom stavljajte tijesto u pripremljeni kalup za krafne, ispunjavajući svaku udubinu otprilike do 2/3.
g) Pecite 12-15 minuta ili dok čačkalica zabodena u krafne ne izađe čista.
h) Ostavite krafne da se ohlade u kalupu nekoliko minuta, zatim ih prebacite na rešetku.
i) Prelijte karamel umak preko krafni, a zatim pospite nasjeckanim orasima.

PEKMEZ I ŽELE

70. Uštipci s džemom

SASTOJCI:

- 3 šalice brašna
- Prstohvat soli
- ½ šalice maslaca
- 1 žličica instant suhog kvasca
- ½ šalice šećera
- 2 šalice mlijeka
- 2 jaja
- 2-3 žlice pekmeza
- Ulje za duboko prženje

UPUTE:

a) U zdjelu prosijte brašno i sol. Dodati kvasac i šećer. Utrljajte maslac dok se ne stvore krušne mrvice

b) Dodajte mješavinu mlijeka i jaja i mijesite dok se ne formira mekano tijesto. Pokrijte i ostavite da se diže 1 sat

c) Tijesto podijeliti na 16 loptica i oblikovati okruglice. U sredinu svake kuglice staviti malu žlicu pekmeza, stisnuti da prekrije pekmez i opet oblikovati krug

d) Pustite da odstoji 20 minuta. Zagrijte ulje i pržite krafne dok ne porumene

e) Stavite na tanjur s kuhinjskom krpom da uklonite višak ulja. Obilno pospite šećerom u prahu.

71. Schwarzwaldske krafne s džemom od trešanja

SASTOJCI:
ZA TIJESTO ZA KRAFNE
- 250 g oštrog bijelog brašna za kruh
- 50 g šećera plus 100 g za posipanje
- 5 g suhog kvasca
- 2 jaja
- 60 g slanog maslaca, otopljenog
- 2 l suncokretovog ulja

ZA NADJEV
- 200 g džema od višanja
- 100 ml vrhnja za šlag

ZA GLADURU
- 100 g šećera u prahu, prosijanog
- 2 žlice kakaa u prahu, prosijanog
- 50 g obične čokolade
- svježe trešnje (po želji)

UPUTE:
a) Stavite brašno, šećer, kvasac, jaja i 125 ml tople vode u mikser s kukom ili lopaticom za tijesto i miješajte 5 minuta dok tijesto ne postane vrlo mekano. Ako nemate mikser, možete koristiti veliku zdjelu i mijesiti ručno (to može potrajati i do 10 minuta).

b) Pustite tijesto da odstoji minutu-dvije u mikseru ili zdjeli dok otopite maslac, zatim ponovno uključite mikser i lagano u tankom mlazu dodajte otopljeni maslac. Dobro miješajte još 5 minuta dok tijesto ne postane sjajno, glatko i elastično i ne odvoji se od stijenki posude. Opet, to se može učiniti ručno umiješanjem maslaca u tijesto.

c) Pokrijte zdjelu prozirnom folijom i ostavite na toplom mjestu da se diže 30 minuta dok se otprilike ne udvostruči. Kad se tijesto diglo, izvadite ga iz posude i stavite na lagano pobrašnjenu površinu te mijesite 2 minute. Tijesto vratite u zdjelu i prekrijte prozirnom folijom, pa ostavite u hladnjaku preko noći.

d) Sutradan izvaditi tijesto iz frižidera i isjeći na 10 jednakih komada, svaki malo izgnječiti i oblikovati u krugove. Stavite na lagano pobrašnjen lim za pečenje, dobro razmaknute, zatim ponovno prekrijte lagano nauljenom prozirnom folijom i ostavite na toplom mjestu da se diže 1-2 sata dok otprilike ne udvostruči veličinu.

e) Ulijte ulje u veliki lonac tako da bude otprilike do pola, a zatim zagrijte na 170°C pomoću termometra ili kada mali komad kruha postane blijedozlatan za 30 sekundi.
f) Stavite 100 g šećera u prahu u zdjelu pripremljenu za posipanje, zatim pažljivo stavite krafne u vruće ulje pomoću šupljikave žlice u skupinama od 2-3 i pržite 2 minute sa svake strane dok ne porumene. Izvadite šupljikavom žlicom i stavite izravno u posudu sa šećerom, promiješajte da se prekrije, a zatim rasporedite na rešetku za hlađenje.
g) Dok se krafne hlade, stavite pekmez od višanja u jednu vrećicu, a šlag u drugu i izrežite rupu od 1 cm na kraju svake vrećice.
h) Uzmite ohlađenu krafnu i oštrim nožem napravite mali rez s jedne strane, sve do sredine vaše krafne. Sada uzmite čajnu žličicu i umetnite je u rupu dok čašica žlice ne dosegne sredinu, zatim okrenite žličicu za 360 stupnjeva i izvucite središte tijesta; odbaciti.
i) Uzmite vrećicu džema i ulijte otprilike 1 žlicu džema u sredinu, a zatim učinite isto s kremom, osiguravajući da krafne budu pune i pune punjenja. Vratite ih na rešetku za hlađenje.
j) Stavite sastojke za glazuru u malu zdjelu s 2-3 žlice vode i dobro promiješajte dok glazura ne postane gusta i sjajna i prekrije poleđinu čajne žličice. Pokapajte svaku krafnu s 1 žlicom glazure u čvrstom cik-cak uzorku.
k) Zatim gulilicom krumpira naribajte tanke strugotine obične čokolade sa strane pločice na tanjur. Čajnom žličicom pospite strugotine po krafnama.
l) Poslužite uz svježe višnje.

72. Žele krafne od malina i krem sira

SASTOJCI:
- 2 šalice višenamjenskog brašna
- ¼ šalice granuliranog šećera
- 2 ¼ žličice instant kvasca
- ½ žličice soli
- ½ šalice mlijeka
- 2 žlice neslanog maslaca, otopljenog
- 1 jaje
- 1 žličica ekstrakta vanilije
- 4 unce krem sira, omekšalog
- ¼ šalice džema od malina
- Biljno ulje, za prženje
- Šećer u prahu, za posipanje

UPUTE:
a) U velikoj zdjeli za miješanje pomiješajte brašno, šećer, instant kvasac i sol.
b) U zasebnoj zdjeli za miješanje pjenjačom izmiješajte mlijeko, otopljeni maslac, jaje i ekstrakt vanilije dok smjesa ne postane glatka.
c) Dodajte mokre sastojke suhim sastojcima i miješajte dok se ne sjedine.
d) Izbacite tijesto na pobrašnjenu površinu i mijesite 5-7 minuta, ili dok ne bude glatko i elastično.
e) Pokrijte tijesto i ostavite da odstoji 10 minuta.
f) Razvaljajte tijesto na ¼ inča debljine i izrežite krugove pomoću rezača za kekse ili čaše za piće.
g) U maloj zdjeli za miješanje pomiješajte krem sir i džem od malina dok ne postane glatko.
h) U sredinu svakog kruga žlicom stavite žličicu smjese od krem sira.
i) Preklopite tijesto i stisnite rubove da se spoje.
j) Zagrijte biljno ulje u velikom, dubokom loncu na srednje jakoj vatri.
k) Kada se ulje zagrije, pažljivo ubacite krafne u ulje i pržite 1-2 minute sa svake strane ili dok ne porumene.
l) Rupičastom žlicom izvadite krafne iz ulja i stavite ih na tanjur obložen papirnatim ručnikom da se ocijedi višak ulja.
m) Prije posluživanja krafne pospite šećerom u prahu.

73. Lemon Curd Donuts

SASTOJCI:
- 2 ¾ šalice višenamjenskog brašna
- ¼ šalice granuliranog šećera
- 2 žličice aktivnog suhog kvasca
- ½ žličice soli
- ½ šalice mlijeka
- ¼ šalice neslanog maslaca, otopljenog
- 2 velika jaja
- 1 žličica ekstrakta vanilije
- Biljno ulje, za prženje
- ½ šalice lemon curda
- Šećer u prahu, za posipanje

UPUTE:
a) U velikoj zdjeli za miješanje pomiješajte višenamjensko brašno, granulirani šećer, aktivni suhi kvasac i sol. Dobro promiješajte.
b) U zasebnoj maloj posudi zagrijte mlijeko dok ne postane toplo, ali ne proključa. Maknite s vatre i dodajte otopljeni neslani maslac. Miješajte dok se maslac potpuno ne sjedini.
c) U maloj zdjeli istucite jaja i ekstrakt vanilije. Dodajte ovu smjesu u smjesu mlijeka i maslaca i miješajte dok se dobro ne sjedini.
d) Ulijte mokre sastojke u suhe sastojke i miješajte drvenom kuhačom ili kuhačom dok ne dobijete tijesto.
e) Prebacite tijesto na lagano pobrašnjenu površinu i mijesite oko 5 minuta dok ne postane glatko i elastično. Ako je tijesto previše ljepljivo, dodajte još malo brašna, žlicu po žlicu, dok ne dobijete željenu gustoću.
f) Stavite tijesto u namaščenu zdjelu, pokrijte ga čistom kuhinjskom krpom i ostavite da se diže na toplom oko 1 sat, odnosno dok se ne udvostruči.
g) Nakon što je tijesto naraslo, probušite ga da izađe zrak. Preokrenite ga na pobrašnjenu površinu i razvaljajte na debljinu od oko ½ inča.
h) Okruglim kalupom za kekse ili čašom izrežite krugove od tijesta. Krugove stavite na pleh obložen papirom za pečenje i ostavite da se dižu još 30 minuta.
i) Dok se krafne dižu, zagrijte biljno ulje u dubokoj tavi ili fritezi na oko 350°F (175°C).

j) Krafne pažljivo stavljajte u vruće ulje, nekoliko po nekoliko i pržite ih oko 2-3 minute sa svake strane ili dok ne porumene. Preokrenite ih šupljikavom žlicom ili hvataljkama.
k) Nakon što su pečene, izvadite krafne iz ulja i stavite ih na tanjur obložen papirnatim ručnikom da se ocijedi višak ulja.
l) Punite vrećicu s malim okruglim vrhom s lemon curdom. Umetnite vrh u bočnu stranu svake krafne i nježno stisnite kako biste središte ispunili skutom od limuna. Ponovite s preostalim krafnama.
m) Punjene krafne pospite šećerom u prahu pomoću cjedila ili finog sita.
n) Lemon curd krafne poslužite odmah dok su još tople i uživajte!

74. Krafne s glaziranom kupinom

SASTOJCI:
- 2 ¾ šalice višenamjenskog brašna
- ¼ šalice granuliranog šećera
- 2 žličice aktivnog suhog kvasca
- ½ žličice soli
- ½ šalice mlijeka
- ¼ šalice neslanog maslaca, otopljenog
- 2 velika jaja
- 1 žličica ekstrakta vanilije
- Biljno ulje, za prženje
- 1 šalica svježih kupina
- 1 šalica šećera u prahu
- 1-2 žlice mlijeka

UPUTE:
a) U velikoj zdjeli za miješanje pomiješajte višenamjensko brašno, granulirani šećer, aktivni suhi kvasac i sol. Dobro promiješajte.

b) U zasebnoj maloj posudi zagrijte mlijeko dok ne postane toplo, ali ne proključa. Maknite s vatre i dodajte otopljeni neslani maslac. Miješajte dok se maslac potpuno ne sjedini.

c) U maloj zdjeli istucite jaja i ekstrakt vanilije. Dodajte ovu smjesu u smjesu mlijeka i maslaca i miješajte dok se dobro ne sjedini.

d) Ulijte mokre sastojke u suhe sastojke i miješajte drvenom kuhačom ili kuhačom dok ne dobijete tijesto.

e) Prebacite tijesto na lagano pobrašnjenu površinu i mijesite oko 5 minuta dok ne postane glatko i elastično. Ako je tijesto previše ljepljivo, dodajte još malo brašna, žlicu po žlicu, dok ne dobijete željenu gustoću.

f) Stavite tijesto u namaštenu zdjelu, pokrijte ga čistom kuhinjskom krpom i ostavite da se diže na toplom oko 1 sat, odnosno dok se ne udvostruči.

g) Nakon što je tijesto naraslo, probušite ga da izađe zrak. Preokrenite ga na pobrašnjenu površinu i razvaljajte na debljinu od oko ½ inča.

h) Okruglim kalupom za kekse ili čašom izrežite krugove od tijesta. Krugove stavite na pleh obložen papirom za pečenje i ostavite da se dižu još 30 minuta.

i) Dok se krafne dižu pripremite glazuru od kupina. U malom loncu pomiješajte svježe kupine i šećer u prahu. Kuhajte na srednjoj vatri uz povremeno miješanje dok se kupine ne raspadnu i puste sok, a smjesa lagano zgusne. Maknite s vatre i ostavite da se ohladi nekoliko minuta.

j) Prebacite smjesu kupina u blender ili procesor hrane i miksajte dok ne postane glatka. Po želji procijedite smjesu kroz fino sito kako biste uklonili sve sjemenke.

k) Umiješajte 1-2 žlice mlijeka da glazuru razrijedite do željene gustoće.

l) Zagrijte biljno ulje u dubokom loncu ili fritezi na oko 350°F (175°C).

m) Krafne pažljivo stavljajte u vruće ulje, nekoliko po nekoliko i pržite ih oko 2-3 minute sa svake strane ili dok ne porumene. Preokrenite ih šupljikavom žlicom ili hvataljkama.

n) Nakon što su pečene, izvadite krafne iz ulja i stavite ih na tanjur obložen papirnatim ručnikom da se ocijedi višak ulja.

o) Umočite svaku krafnu u glazuru od kupina, okrećite je da premažete obje strane. Stavite glazirane krafne na žičanu rešetku postavljenu iznad lima za pečenje kako bi višak glazure ocijedio.

p) Ostavite glazuru da se stegne nekoliko minuta prije nego što poslužite krafne s kupinama.

75.Karamel jabuke krafne

SASTOJCI:
- 2 ¾ šalice višenamjenskog brašna
- ¼ šalice granuliranog šećera
- 2 žličice aktivnog suhog kvasca
- ½ žličice soli
- ½ šalice mlijeka
- ¼ šalice neslanog maslaca, otopljenog
- 2 velika jaja
- 1 žličica ekstrakta vanilije
- Biljno ulje, za prženje
- ½ šalice maslaca od jabuka ili džema od jabuka
- Šećer u prahu, za posipanje

UPUTE:
a) U velikoj zdjeli za miješanje pomiješajte višenamjensko brašno, granulirani šećer, aktivni suhi kvasac i sol. Dobro promiješajte.
b) U zasebnoj maloj posudi zagrijte mlijeko dok ne postane toplo, ali ne proključa. Maknite s vatre i dodajte otopljeni neslani maslac. Miješajte dok se maslac potpuno ne sjedini.
c) U maloj zdjeli istucite jaja i ekstrakt vanilije. Dodajte ovu smjesu u smjesu mlijeka i maslaca i miješajte dok se dobro ne sjedini.
d) Ulijte mokre sastojke u suhe sastojke i miješajte drvenom kuhačom ili kuhačom dok ne dobijete tijesto.
e) Prebacite tijesto na lagano pobrašnjenu površinu i mijesite oko 5 minuta dok ne postane glatko i elastično. Ako je tijesto previše ljepljivo, dodajte još malo brašna, žlicu po žlicu, dok ne dobijete željenu gustoću.
f) Stavite tijesto u namašćenu zdjelu, pokrijte ga čistom kuhinjskom krpom i ostavite da se diže na toplom oko 1 sat, odnosno dok se ne udvostruči.
g) Nakon što je tijesto naraslo, probušite ga da izađe zrak. Preokrenite ga na pobrašnjenu površinu i razvaljajte na debljinu od oko ½ inča.
h) Okruglim kalupom za kekse ili čašom izrežite krugove od tijesta. Krugove stavite na pleh obložen papirom za pečenje i ostavite da se dižu još 30 minuta.
i) Dok se krafne dižu, zagrijte biljno ulje u dubokoj tavi ili fritezi na oko 350°F (175°C).

j) Krafne pažljivo stavljajte u vruće ulje, nekoliko po nekoliko i pržite ih oko 2-3 minute sa svake strane ili dok ne porumene. Preokrenite ih šupljikavom žlicom ili hvataljkama.

k) Nakon što su pečene, izvadite krafne iz ulja i stavite ih na tanjur obložen papirnatim ručnikom da se ocijedi višak ulja.

l) Napunite vrećicu s malim okruglim vrhom maslacem od jabuka ili pekmezom od jabuka. Umetnite vrh u stranu svake krafne i nježno stisnite kako biste središte ispunili nadjevom od karamel jabuke. Ponovite s preostalim krafnama.

m) Punjene krafne pospite šećerom u prahu pomoću cjedila ili finog sita.

n) Karamel krafne s jabukama poslužite odmah dok su još tople i uživajte!

76.Krafne punjene Nutellom

SASTOJCI:
- 2 ¾ šalice višenamjenskog brašna
- ¼ šalice granuliranog šećera
- 2 žličice aktivnog suhog kvasca
- ½ žličice soli
- ½ šalice mlijeka
- ¼ šalice neslanog maslaca, otopljenog
- 2 velika jaja
- 1 žličica ekstrakta vanilije
- Biljno ulje, za prženje
- Nutella (ili vaš omiljeni namaz od čokolade i lješnjaka)
- Šećer u prahu, za posipanje

UPUTE:
a) U velikoj zdjeli za miješanje pomiješajte višenamjensko brašno, granulirani šećer, aktivni suhi kvasac i sol. Dobro promiješajte.
b) U zasebnoj maloj posudi zagrijte mlijeko dok ne postane toplo, ali ne proključa. Maknite s vatre i dodajte otopljeni neslani maslac. Miješajte dok se maslac potpuno ne sjedini.
c) U maloj zdjeli istucite jaja i ekstrakt vanilije. Dodajte ovu smjesu u smjesu mlijeka i maslaca i miješajte dok se dobro ne sjedini.
d) Ulijte mokre sastojke u suhe sastojke i miješajte drvenom kuhačom ili kuhačom dok ne dobijete tijesto.
e) Prebacite tijesto na lagano pobrašnjenu površinu i mijesite oko 5 minuta dok ne postane glatko i elastično. Ako je tijesto previše ljepljivo, dodajte još malo brašna, žlicu po žlicu, dok ne dobijete željenu gustoću.
f) Stavite tijesto u namašćenu zdjelu, pokrijte ga čistom kuhinjskom krpom i ostavite da se diže na toplom oko 1 sat, odnosno dok se ne udvostruči.
g) Nakon što je tijesto naraslo, probušite ga da izađe zrak. Preokrenite ga na pobrašnjenu površinu i razvaljajte na debljinu od oko ½ inča.
h) Okruglim kalupom za kekse ili čašom izrežite krugove od tijesta. Krugove stavite na pleh obložen papirom za pečenje i ostavite da se dižu još 30 minuta.
i) Dok se krafne dižu pripremite nadjev od Nutelle. Zagrabite žličicu ili tako nešto Nutelle na komad plastične folije i oblikujte je u malu kuglicu. Ponavljajte dok ne dobijete dovoljno Nutella kuglica za svaku krafnu.

j) Uzmite svaki dignuti krug krafne i stavite kuglicu Nutelle u sredinu. Presavijte rubove preko Nutelle i stisnite ih kako biste zatvorili nadjev iznutra. Nježno zarolajte kako biste bili sigurni da je dobro zatvoreno.

k) Zagrijte biljno ulje u dubokom loncu ili fritezi na oko 350°F (175°C).

l) Krafne punjene Nutellom pažljivo stavljajte u vruće ulje, nekoliko po nekoliko i pržite ih oko 2-3 minute sa svake strane ili dok ne porumene. Preokrenite ih šupljikavom žlicom ili hvataljkama.

m) Nakon što su pečene, izvadite krafne iz ulja i stavite ih na tanjur obložen papirnatim ručnikom da se ocijedi višak ulja.

n) Pospite krafne punjene Nutellom šećerom u prahu pomoću cjedila ili finog sita.

o) Krafne punjene Nutellom poslužite odmah dok su još tople i uživajte u finom nadjevu od čokolade i lješnjaka!

BOOZY DONUTS

77. Tostirane Baileys pečene krafne

SASTOJCI:
- ¼ šalice neslanog omekšalog maslaca
- ¼ šalice biljnog ulja
- ½ šalice granuliranog šećera
- ⅓ šalice smeđeg šećera
- 2 velika jaja
- 1½ žličice praška za pecivo
- ¼ žličice sode bikarbone
- ½ žličice muškatnog oraščića
- ½ žličice soli
- 1½ žličice ekstrakta vanilije
- 2⅔ šalice višenamjenskog brašna
- 1 šalica Baileys

GLAZURA
- 1 šalica šećera u prahu
- 1 žlica svijetlog kukuruznog sirupa
- 1 žlica otopljenog maslaca
- 2 žlice Baileysa
- ½ žličice ekstrakta vanilije
- ⅛ žličice soli

PEČENI KOKOS
- 1 šalica zaslađenog naribanog kokosa ili prženog kokosa

UPUTE:
a) Zagrijte pećnicu na 425°. Namastite kalup za krafne ili ga poprskajte neljepljivim sprejom za kuhanje.
b) U velikoj zdjeli pomiješajte maslac, ulje i šećere dok smjesa ne postane glatka.
c) Umutite jedno po jedno jaje dok se ne sjedini.
d) U smjesu dodajte prašak za pecivo, sodu bikarbonu, muškatni oraščić i vaniliju. Miješajte dok se ne sjedini.
e) Umiješajte brašno naizmjenično s Baileysom, počevši i završavajući s brašnom. Miješajte tek toliko da se sjedini.
f) Koristeći žlicu, napunite jamice za krafne ¾ pune tijestom. Tijesto je malo kruto. Čačkalicom raširite tijesto do rubova pojedinačnih udubljenja za krafne.
g) Pecite na središnjoj rešetki prethodno zagrijane pećnice 10 minuta. Krafne su gotove kada poskoče na lagani pritisak. Krafne će biti blijede i neće potamniti pečenjem, to je normalno.

h) Izvadite posudu iz pećnice i ostavite krafne da se malo ohlade prije nego što preokrenete posudu za vađenje.

NAPRAVITE GLAZURU

i) Pomiješajte slastičarski šećer, kukuruzni sirup, rastopljeni maslac, Baileys, vaniliju i sol u maloj posudi. Temeljito promiješajte. Ako je glazura pregusta, dodajte još Baileysa, 1 žličicu odjednom dok ne dobijete željenu gustoću.

j) Dodajte kokos u veliku tavu na laganoj i srednjoj vatri. Kuhajte uz stalno miješanje dok pahuljice uglavnom ne porumene. Maknite s vatre i premjestite tostirani kokos u posudu da se ohladi.

k) Lagano tople krafne umočiti u glazuru pa u tostirani kokos. Pritisnite kokos kako biste lakše prionuli na glazuru.

l) Stavite krafne na rešetku za hlađenje kako bi se glazura stvrdnula prije posluživanja.

78. Margarita krafne

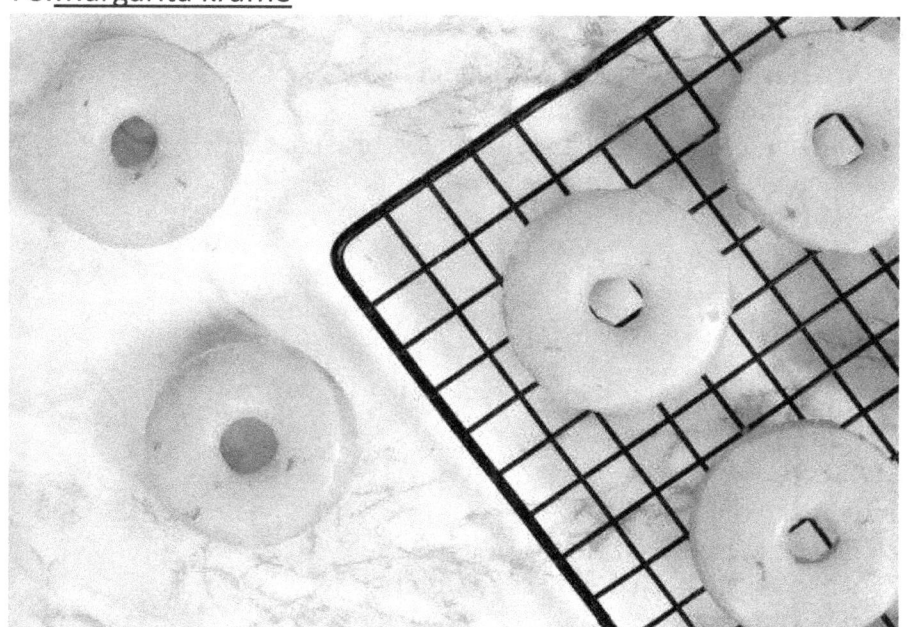

SASTOJCI:
ZA KRAFNE:
- 3 žlice neslanog maslaca, otopljenog
- ½ šalice integralnog pšeničnog brašna
- ½ šalice nebijeljenog višenamjenskog brašna
- 1 žličica praška za pecivo
- ¼ žličice morske soli
- Korica 1 limete
- ¼ šalice šećera
- 2 žlice meda
- 1 veliko jaje
- ¼ žličice vanilije
- ⅓ šalice mlaćenice

ZA GLAZURU:
- 1 žličica tekile
- 2 žličice likera od naranče, npr. triple sec
- 2 žličice svježe iscijeđenog soka limete
- Korica 1 limete
- ⅔ šalice šećera u prahu (možda će vam trebati malo više ili manje)

UPUTE:
ZA KRAFNE:
a) Zagrijte pećnicu na 400°F. Posudu za krafne pošpricajte neljepljivim sprejom za kuhanje i ostavite sa strane.
b) Otopite maslac u maloj posudi i ostavite sa strane da se ohladi. U međuvremenu pomiješajte brašno, prašak za pecivo, sol i koricu limete u velikoj zdjeli. Staviti na stranu.
c) U ohlađeni maslac pjenasto umutiti šećer, med, jaje i vaniliju dok se ne sjedine. Umutiti mlaćenicu. Ulijte mokre sastojke u suhe i miksajte dok se ne sjedine, pazeći da ne izmiješate previše.
d) Ulijte tijesto u vrećicu (ili plastičnu vrećicu s patentnim zatvaračem i odrezanim uglom) i ravnomjerno izlijte u tavu.
e) Pecite krafne 7 minuta. Pustite da se ohladi 1 minutu prije nego što okrenete posudu kako biste izvadili krafne na rešetku za hlađenje. Ostavite ih da se potpuno ohlade – oko 15-20 minuta.

ZA GLAZURU:
f) Nakon što se krafne ohlade, u zdjeli ravnog dna pomiješajte tequilu, liker od naranče, sok limete i koricu dok se ne ujednače.

Polako umiješajte šećer u prahu, žlicu po žlicu, dok smjesa ne postane glatka. Ako je glazura pregusta, dodajte još malo tekile. Ako je prerijetko dodajte još malo šećera u prahu.

g) Umočite krafne u glazuru, ljuljajte ih naprijed-natrag kako biste ravnomjerno prekrili jednu stranu, i stavite ih natrag na rešetku za hlađenje, ledenom stranom prema gore.

h) Ostavite glazuru da se stegne, oko 20 minuta. Poslužite ravno gore, niz otvor.

79. Uštipci s rakijom i džemom

SASTOJCI:
- 2 pakiranja aktivnog suhog kvasca (4 ½ žličice)
- 1 ½ šalice biljnog mlijeka, toplo, oko 110 F
- ½ šalice granuliranog šećera
- ½ šalice kokosovog maslaca, na sobnoj temperaturi
- 1 žlica rakije
- 1 žličica soli
- 4 ½ do 5 šalica višenamjenskog brašna
- 1 galon biljnog ulja, za prženje u dubokom ulju
- Oko ½ šalice granuliranog šećera, za valjanje
- Oko ½ šalice slastičarskog šećera, za motanje
- 1 šalica džema ili voćne paste, za punjenje, po želji

UPUTE:
a) U maloj zdjelici otopite kvasac u toplom biljnom mlijeku. Nakon miješanja ostaviti sa strane da se otopi.
b) Pomiješajte šećer i kokosov maslac u velikoj zdjeli za miješanje ili samostojećem mikseru opremljenom nastavkom s lopaticom dok ne postane pjenasto.
c) Tucite rakiju ili rum, kao i sol, dok se dobro ne sjedini.
d) Pomoću nastavka s lopaticom naizmjenično dodajte 4 ½ šalice brašna i smjesu biljnog mlijeka i kvasca. Strojno tucite 5 minuta ili dulje dok ne postane glatko ili ručno dulje.
e) U nauljenu zdjelu staviti tijesto. Preokrenite tavu da premažete drugu stranu.
f) Pokrijte vrh plastičnom folijom i ostavite da se diže 1 do 2 i pol sata ili dok ne udvostruči volumen.
g) Lagano pobrašnjenu površinu pobrašnite i razvaljajte tijesto. Utapkajte ili razvaljajte na debljinu od ½ inča. Kako biste izbjegli gubitak, koristite rezač za kekse od 3 inča za rezanje krugova blizu jedan drugom.
h) Prije prženja lim pokriti vlažnom krpom i ostaviti da se okruglice dižu dok se masa ne udvostruči, oko 30 minuta.
i) Zagrijte ulje u velikoj tavi ili pećnici na 350 stupnjeva F. Stavite nekoliko nadošlih pczki u ulje s gornjom stranom prema dolje (suha strana) i kuhajte 2 do 3 minute, ili dok dno ne porumeni.
j) Okrenite ih i kuhajte još 1-2 minute, ili dok ne porumene. Uvjerite se da ulje ne postane prevruće kako vanjski dio ne bi posmeđio prije nego što se unutrašnjost završi. Provjerite ohlađeni da vidite je li potpuno kuhan. Potrebno je prilagoditi vrijeme kuhanja i toplinu ulja.
k) Još tople uvaljati u krupni šećer. Ako ih želite puniti, napravite rupu sa strane pczki i u nju pomoću slastičarske vrećice istisnite veliku žlicu nadjeva po izboru. Zatim pospite granulirani šećer, slastičarski šećer ili glazuru preko punjenih pczki.
l) Pczki se ne čuvaju dobro, pa ih pojedite odmah ili zamrznite ako želite najbolji okus. Uživati.

80.Irske krafne od kave

SASTOJCI:
- 1 ½ šalice višenamjenskog brašna
- ½ šalice granuliranog šećera
- 1 ½ žličice praška za pecivo
- ½ žličice soli
- ½ šalice kuhane kave, ohlađene
- ¼ šalice irskog viskija
- 2 žlice otopljenog neslanog maslaca
- 1 veliko jaje
- ½ žličice ekstrakta vanilije
- ¼ šalice šećera u prahu (za posipanje)

UPUTE:

a) Zagrijte pećnicu na 350°F (175°C) i namastite kalup za krafne.

b) U zdjeli za miješanje pjenasto pomiješajte višenamjensko brašno, granulirani šećer, prašak za pecivo i sol.

c) U zasebnoj zdjeli pomiješajte skuhanu kavu, irski viski, otopljeni maslac, jaje i ekstrakt vanilije.

d) Dodajte mokre sastojke suhim sastojcima i miješajte dok se ne sjedine.

e) Žlicom stavljajte tijesto u pripremljeni kalup za krafne, ispunjavajući svaku udubinu otprilike do 2/3.

f) Pecite 12-15 minuta ili dok čačkalica zabodena u krafne ne izađe čista.

g) Ostavite krafne da se ohlade u kalupu nekoliko minuta, zatim ih prebacite na rešetku.

h) Prije posluživanja krafne pospite šećerom u prahu.

81. Bourbon Maple krafne sa slaninom

SASTOJCI:
- 1 ¾ šalice višenamjenskog brašna
- ½ šalice granuliranog šećera
- 2 žličice praška za pecivo
- ½ žličice soli
- ¼ šalice otopljenog neslanog maslaca
- ½ šalice mlijeka
- 2 žlice burbona
- 1 veliko jaje
- 1 žličica ekstrakta vanilije
- 6 ploški kuhane slanine, izmrvljene
- ½ šalice čistog javorovog sirupa
- 2 žlice burbona (za glazuru)
- Dodatno izmrvljena slanina za preljev

UPUTE:
a) Zagrijte pećnicu na 350°F (175°C) i namastite kalup za krafne.
b) U zdjeli za miješanje pjenasto pomiješajte višenamjensko brašno, granulirani šećer, prašak za pecivo i sol.
c) U posebnoj zdjeli pomiješajte otopljeni maslac, mlijeko, burbon, jaje i ekstrakt vanilije.
d) Dodajte mokre sastojke suhim sastojcima i miješajte dok se ne sjedine.
e) Ubacite izmrvljenu slaninu.
f) Žlicom stavljajte tijesto u pripremljeni kalup za krafne, ispunjavajući svaku udubinu otprilike do 2/3.
g) Pecite 12-15 minuta ili dok čačkalica zabodena u krafne ne izađe čista.
h) U maloj posudi pomiješajte javorov sirup i bourbon da napravite glazuru.
i) Svaku krafnu umočite u glazuru, pustite da višak iscuri, a zatim pospite dodatno izmrvljenom slaninom.

82.Šampanjac Raspberry Donuts

SASTOJCI:
- 1 ¾ šalice višenamjenskog brašna
- ½ šalice granuliranog šećera
- 2 žličice praška za pecivo
- ½ žličice soli
- ¼ šalice otopljenog neslanog maslaca
- ½ šalice šampanjca
- 1 veliko jaje
- 1 žličica ekstrakta vanilije
- ½ šalice svježih malina
- 1 šalica šećera u prahu
- 2-3 žlice šampanjca (za glazuru)
- Dodatne svježe maline za preljev

UPUTE:
a) Zagrijte pećnicu na 350°F (175°C) i namastite kalup za krafne.
b) U zdjeli za miješanje pjenasto pomiješajte višenamjensko brašno, granulirani šećer, prašak za pecivo i sol.
c) U posebnoj zdjeli pomiješajte otopljeni maslac, šampanjac, jaje i ekstrakt vanilije.
d) Dodajte mokre sastojke suhim sastojcima i miješajte dok se ne sjedine.
e) Nježno umiješajte svježe maline.
f) Žlicom stavljajte tijesto u pripremljeni kalup za krafne, ispunjavajući svaku udubinu otprilike do 2/3.
g) Pecite 12-15 minuta ili dok čačkalica zabodena u krafne ne izađe čista.
h) U maloj zdjeli izmiješajte šećer u prahu i šampanjac kako biste napravili glazuru.
i) Svaku krafnu umočite u glazuru, pustite da višak iscuri, a zatim stavite svježe maline.

83.Kahlua čokoladne krafne

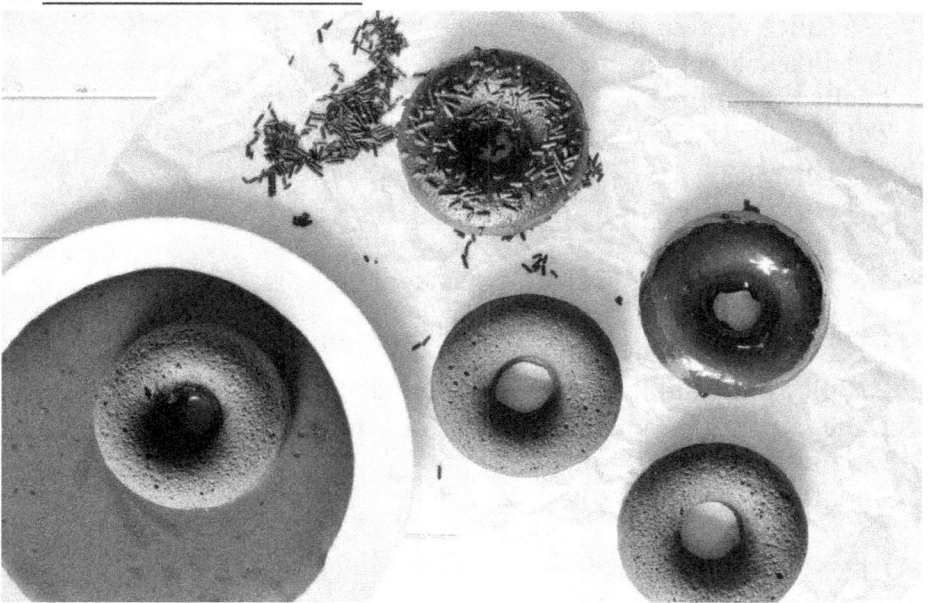

SASTOJCI:
- 1 ½ šalice višenamjenskog brašna
- ½ šalice kakaa u prahu
- 1 šalica granuliranog šećera
- 2 žličice praška za pecivo
- ½ žličice soli
- ½ šalice mlijeka
- ½ šalice Kahlue
- ¼ šalice otopljenog neslanog maslaca
- 1 veliko jaje
- 1 žličica ekstrakta vanilije
- ½ šalice poluslatkih komadića čokolade
- 1 žlica Kahlue (za glazuru)
- ½ šalice šećera u prahu
- Dodatni komadići čokolade za preljev

UPUTE:
a) Zagrijte pećnicu na 350°F (175°C) i namastite kalup za krafne.
b) U zdjeli za miješanje pomiješajte višenamjensko brašno, kakao prah, granulirani šećer, prašak za pecivo i sol.
c) U zasebnoj zdjeli pomiješajte mlijeko, Kahlua, otopljeni maslac, jaje i ekstrakt vanilije.
d) Dodajte mokre sastojke suhim sastojcima i miješajte dok se ne sjedine.
e) Ubacite komadiće poluslatke čokolade.
f) Žlicom stavljajte tijesto u pripremljeni kalup za krafne, ispunjavajući svaku udubinu otprilike do 2/3.
g) Pecite 12-15 minuta ili dok čačkalica zabodena u krafne ne izađe čista.
h) U maloj posudi umutite šećer u prahu i Kahluu da napravite glazuru.
i) Umočite svaku krafnu u glazuru, pustite da višak opadne, a zatim pospite dodatnim komadićima čokolade.

84.Rum karamel glazirane krafne

SASTOJCI:
- 1 ¾ šalice višenamjenskog brašna
- ½ šalice granuliranog šećera
- 2 žličice praška za pecivo
- ½ žličice soli
- ¼ šalice otopljenog neslanog maslaca
- ½ šalice mlijeka
- 2 žlice tamnog ruma
- 1 veliko jaje
- 1 žličica ekstrakta vanilije
- 1 šalica granuliranog šećera (za karamel glazuru)
- 1/4 šalice vode
- 1 žlica tamnog ruma
- ½ šalice šećera u prahu
- Dodatni rum za podlijevanje

UPUTE:
a) Zagrijte pećnicu na 350°F (175°C) i namastite kalup za krafne.
b) U zdjeli za miješanje pjenasto pomiješajte višenamjensko brašno, granulirani šećer, prašak za pecivo i sol.
c) U posebnoj zdjeli pomiješajte otopljeni maslac, mlijeko, rum, jaje i ekstrakt vanilije.
d) Dodajte mokre sastojke suhim sastojcima i miješajte dok se ne sjedine.
e) Žlicom stavljajte tijesto u pripremljeni kalup za krafne, ispunjavajući svaku udubinu otprilike do 2/3.
f) Pecite 12-15 minuta ili dok čačkalica zabodena u krafne ne izađe čista.
g) U loncu pomiješajte kristalni šećer i vodu za karamel glazuru. Zagrijte na srednjoj vatri dok se šećer ne otopi, a zatim kuhajte bez miješanja dok smjesa ne porumeni.
h) Maknite karamel s vatre i pažljivo umiješajte rum.
i) U manjoj zdjelici umutite šećer u prahu i malo ruma da napravite glazuru.
j) Svaku krafnu umočite u karamel glazuru, pustite da višak iscuri, a zatim pokapajte rum glazurom.

85.Tequila Lime Donuts

SASTOJCI:
- 1 ¾ šalice višenamjenskog brašna
- ½ šalice granuliranog šećera
- 2 žličice praška za pecivo
- ½ žličice soli
- Korica 2 limete
- ¼ šalice otopljenog neslanog maslaca
- ½ šalice mlijeka
- 2 žlice tekile
- 1 veliko jaje
- 1 žličica ekstrakta vanilije
- Sok od 1 limete
- ½ šalice šećera u prahu
- Dodatna korica limete za preljev

UPUTE:
a) Zagrijte pećnicu na 350°F (175°C) i namastite kalup za krafne.
b) U zdjeli za miješanje pjenasto pomiješajte višenamjensko brašno, granulirani šećer, prašak za pecivo, sol i koricu limete.
c) U posebnoj zdjeli pomiješajte rastopljeni maslac, mlijeko, tekilu, jaje, ekstrakt vanilije i sok limete.
d) Dodajte mokre sastojke suhim sastojcima i miješajte dok se ne sjedine.
e) Žlicom stavljajte tijesto u pripremljeni kalup za krafne, ispunjavajući svaku udubinu otprilike do 2/3.
f) Pecite 12-15 minuta ili dok čačkalica zabodena u krafne ne izađe čista.
g) U maloj zdjeli izmiješajte šećer u prahu i sok od limete da napravite glazuru.
h) Umočite svaku krafnu u glazuru, pustite da višak opadne, a zatim pospite dodatnom koricom limete.

86. Baileys čokoladne krafne

SASTOJCI:
- 1 ½ šalice višenamjenskog brašna
- ½ šalice kakaa u prahu
- 1 šalica granuliranog šećera
- 2 žličice praška za pecivo
- ½ žličice soli
- ½ šalice mlijeka
- ½ šalice Baileys Irish Cream
- ¼ šalice otopljenog neslanog maslaca
- 1 veliko jaje
- 1 žličica ekstrakta vanilije
- ½ šalice poluslatkih komadića čokolade
- 1 šalica šećera u prahu
- 2 žlice Baileys Irish Cream (za glazuru)

UPUTE:
a) Zagrijte pećnicu na 350°F (175°C) i namastite kalup za krafne.
b) U zdjeli za miješanje pomiješajte višenamjensko brašno, kakao prah, granulirani šećer, prašak za pecivo i sol.
c) U posebnoj zdjeli pomiješajte mlijeko, Baileys Irish Cream, otopljeni maslac, jaje i ekstrakt vanilije.
d) Dodajte mokre sastojke suhim sastojcima i miješajte dok se ne sjedine.
e) Ubacite komadiće poluslatke čokolade.
f) Žlicom stavljajte tijesto u pripremljeni kalup za krafne, ispunjavajući svaku udubinu otprilike do 2/3.
g) Pecite 12-15 minuta ili dok čačkalica zabodena u krafne ne izađe čista.
h) U maloj zdjeli pomiješajte šećer u prahu i Baileys Irish Cream kako biste napravili glazuru.
i) Umočite svaku krafnu u glazuru, pustite da višak iscuri.

87.Uštipci s rumom i groždicama

SASTOJCI:
- 1 ¾ šalice višenamjenskog brašna
- ½ šalice granuliranog šećera
- 2 žličice praška za pecivo
- ½ žličice soli
- ¼ šalice otopljenog neslanog maslaca
- ½ šalice mlijeka
- 2 žlice tamnog ruma
- 1 veliko jaje
- 1 žličica ekstrakta vanilije
- ½ šalice grožđica
- ½ šalice šećera u prahu
- 2 žlice tamnog ruma (za glazuru)
- Dodatne grožđice za preljev

UPUTE:
a) Zagrijte pećnicu na 350°F (175°C) i namastite kalup za krafne.
b) U zdjeli za miješanje pjenasto pomiješajte višenamjensko brašno, granulirani šećer, prašak za pecivo i sol.
c) U posebnoj zdjeli pomiješajte otopljeni maslac, mlijeko, rum, jaje i ekstrakt vanilije.
d) Dodajte mokre sastojke suhim sastojcima i miješajte dok se ne sjedine.
e) Ubacite grožđice.
f) Žlicom stavljajte tijesto u pripremljeni kalup za krafne, ispunjavajući svaku udubinu otprilike do 2/3.
g) Pecite 12-15 minuta ili dok čačkalica zabodena u krafne ne izađe čista.
h) U maloj zdjeli pjenasto izmiksajte šećer u prahu i rum da napravite glazuru.
i) Umočite svaku krafnu u glazuru, dopustite da višak opadne, a zatim na vrh stavite još grožđica.

88. Mimoza krafne

SASTOJCI:
- 1 ½ šalice višenamjenskog brašna
- ½ šalice granuliranog šećera
- 2 žličice praška za pecivo
- ½ žličice soli
- Korica 1 naranče
- ¼ šalice otopljenog neslanog maslaca
- ½ šalice soka od naranče
- ½ šalice šampanjca
- 1 veliko jaje
- 1 žličica ekstrakta vanilije
- 1 šalica šećera u prahu
- 2 žlice šampanjca (za glazuru)
- Narančina korica za preljev

UPUTE:
a) Zagrijte pećnicu na 350°F (175°C) i namastite kalup za krafne.
b) U zdjeli za miješanje pjenasto pomiješajte višenamjensko brašno, granulirani šećer, prašak za pecivo, sol i narančinu koricu.
c) U posebnoj zdjeli pomiješajte otopljeni maslac, sok od naranče, šampanjac, jaje i ekstrakt vanilije.
d) Dodajte mokre sastojke suhim sastojcima i miješajte dok se ne sjedine.
e) Žlicom stavljajte tijesto u pripremljeni kalup za krafne, ispunjavajući svaku udubinu otprilike do 2/3.
f) Pecite 12-15 minuta ili dok čačkalica zabodena u krafne ne izađe čista.
g) U maloj zdjeli izmiješajte šećer u prahu i šampanjac kako biste napravili glazuru.
h) Umočite svaku krafnu u glazuru, pustite da višak iscuri, a zatim pospite narančinom koricom.

89.Guinnessove čokoladne čvrste krafne

SASTOJCI:
- 1 ¾ šalice višenamjenskog brašna
- ½ šalice kakaa u prahu
- 1 šalica granuliranog šećera
- 2 žličice praška za pecivo
- ½ žličice soli
- ¾ šalice Guinnessovog stouta
- ¼ šalice otopljenog neslanog maslaca
- ½ šalice mlijeka
- 1 veliko jaje
- 1 žličica ekstrakta vanilije
- ½ šalice šećera u prahu
- 2 žlice Guinness stouta (za glazuru)

UPUTE:
a) Zagrijte pećnicu na 350°F (175°C) i namastite kalup za krafne.
b) U zdjeli za miješanje pomiješajte višenamjensko brašno, kakao prah, granulirani šećer, prašak za pecivo i sol.
c) U posebnoj zdjeli pomiješajte Guinnessov stout, otopljeni maslac, mlijeko, jaje i ekstrakt vanilije.
d) Dodajte mokre sastojke suhim sastojcima i miješajte dok se ne sjedine.
e) Žlicom stavljajte tijesto u pripremljeni kalup za krafne, ispunjavajući svaku udubinu otprilike do 2/3.
f) Pecite 12-15 minuta ili dok čačkalica zabodena u krafne ne izađe čista.
g) U maloj zdjeli pjenasto izmiksajte šećer u prahu i Guinnessov stout kako biste napravili glazuru.
h) Umočite svaku krafnu u glazuru, pustite da višak iscuri.

ŽITARICE I MAHUNARKE

90.Uštipci od kukuruznog kruha

SASTOJCI:
- 1 šalica kukuruznog brašna
- 1 šalica višenamjenskog brašna
- 2 žlice granuliranog šećera
- 1 žličica praška za pecivo
- 1/2 žličice sode bikarbone
- 1/2 žličice soli
- 1 šalica bademovog mlijeka
- 1/4 šalice otopljenog kokosovog ulja
- 1/4 šalice javorovog sirupa
- 1/4 šalice kukuruznih zrna (svježih ili konzerviranih)

UPUTE:
a) Zagrijte pećnicu na 350°F (175°C) i namastite kalup za krafne.
b) U zdjeli pomiješajte kukuruznu krupicu, višenamjensko brašno, šećer, prašak za pecivo, sodu bikarbonu i sol.
c) U posebnoj posudi pomiješajte bademovo mlijeko, otopljeno kokosovo ulje i javorov sirup.
d) Dodajte mokre sastojke suhim sastojcima i miješajte dok se ne sjedine.
e) Ubacite zrna kukuruza.
f) Žlicom stavljajte tijesto u pripremljeni kalup za krafne, ispunjavajući svaku udubinu otprilike do 2/3.
g) Pecite 12-15 minuta ili dok čačkalica zabodena u krafne ne izađe čista.
h) Ostavite krafne da se ohlade u kalupu nekoliko minuta prije nego što ih prebacite na rešetku da se potpuno ohlade.

91.Uštipci od kvinoje i crnog graha

SASTOJCI:
- 1 šalica kuhane kvinoje
- 1 šalica kuhanog crnog graha, pasiranog
- 1/2 šalice kukuruznog brašna
- 1/2 šalice integralnog pšeničnog brašna
- 1 žličica praška za pecivo
- 1/2 žličice soli
- 1/2 žličice kumina
- 1/4 žličice čilija u prahu
- 1/4 žličice paprike
- 1/4 šalice nezaslađenog bademovog mlijeka
- 2 žlice maslinovog ulja

UPUTE:
a) Zagrijte pećnicu na 350°F (175°C) i namastite kalup za krafne.

b) U zdjeli pomiješajte kuhanu kvinoju, zgnječeni crni grah, kukuruznu krupicu, integralno pšenično brašno, prašak za pecivo, sol, kumin, čili u prahu, papriku, bademovo mlijeko i maslinovo ulje. Miješajte dok se dobro ne sjedini.

c) Žlicom stavljajte tijesto u pripremljeni kalup za krafne, ispunjavajući svaku udubinu otprilike do 2/3.

d) Pecite 15-18 minuta ili dok čačkalica zabodena u krafne ne izađe čista.

e) Ostavite krafne da se ohlade u kalupu nekoliko minuta prije nego što ih prebacite na rešetku da se potpuno ohlade.

92. Uštipci od brašna od slanutka i povrća

SASTOJCI:
- 1 šalica brašna od slanutka
- 1/2 šalice naribane tikvice
- 1/4 šalice naribane mrkve
- 1/4 šalice sitno nasjeckane paprike
- 2 žlice nasjeckanog svježeg cilantra
- 1/2 žličice kumina
- 1/2 žličice kurkume
- 1/2 žličice praška za pecivo
- 1/4 žličice soli
- 1/4 šalice vode
- 2 žlice maslinovog ulja

UPUTE:
a) Zagrijte pećnicu na 350°F (175°C) i namastite kalup za krafne.

b) U zdjeli pomiješajte brašno od slanutka, naribane tikvice, naribanu mrkvu, nasjeckanu papriku, cilantro, kumin, kurkumu, prašak za pecivo, sol, vodu i maslinovo ulje. Miješajte dok se dobro ne sjedini.

c) Žlicom stavljajte tijesto u pripremljeni kalup za krafne, ispunjavajući svaku udubinu otprilike do 2/3.

d) Pecite 15-18 minuta ili dok čačkalica zabodena u krafne ne izađe čista.

e) Ostavite krafne da se ohlade u kalupu nekoliko minuta prije nego što ih prebacite na rešetku da se potpuno ohlade.

93. Leća i krafne od smeđe riže

SASTOJCI:
- 1 šalica kuhane smeđe leće
- 1 šalica kuhane smeđe riže
- 1/2 šalice integralnog pšeničnog brašna
- 1/4 šalice prehrambenog kvasca
- 2 žlice mljevenog lanenog sjemena pomiješanog sa 6 žlica vode (laneno jaje)
- 1 žličica praška za pecivo
- 1/2 žličice soli
- 1/4 žličice češnjaka u prahu
- 1/4 žličice luka u prahu
- 1/4 žličice paprike
- 1/4 šalice nezaslađenog bademovog mlijeka

UPUTE:
a) Zagrijte pećnicu na 350°F (175°C) i namastite kalup za krafne.
b) U zdjeli pomiješajte kuhanu smeđu leću, kuhanu smeđu rižu, integralno pšenično brašno, prehrambeni kvasac, laneno jaje, prašak za pecivo, sol, češnjak u prahu, luk u prahu, papriku i bademovo mlijeko. Miješajte dok se dobro ne sjedini.
c) Žlicom stavljajte tijesto u pripremljeni kalup za krafne, ispunjavajući svaku udubinu otprilike do 2/3.
d) Pecite 15-18 minuta ili dok čačkalica zabodena u krafne ne izađe čista.
e) Ostavite krafne da se ohlade u kalupu nekoliko minuta prije nego što ih prebacite na rešetku da se potpuno ohlade.

94. Uštipci od prosa i slanutka

SASTOJCI:
- 1 šalica kuhanog prosa
- 1 šalica kuhanog slanutka, pasiranog
- 1/2 šalice zobenog brašna
- 1/4 šalice bademovog brašna
- 2 žlice mljevenog lanenog sjemena pomiješanog sa 6 žlica vode (laneno jaje)
- 1 žličica praška za pecivo
- 1/2 žličice soli
- 1/2 žličice sušenog origana
- 1/4 žličice češnjaka u prahu
- 1/4 žličice luka u prahu
- 1/4 šalice nezaslađenog bademovog mlijeka

UPUTE:
a) Zagrijte pećnicu na 350°F (175°C) i namastite kalup za krafne.

b) U zdjeli pomiješajte kuhani proso, pasirani slanutak, zobeno brašno, bademovo brašno, laneno jaje, prašak za pecivo, sol, sušeni origano, češnjak u prahu, luk u prahu i bademovo mlijeko. Miješajte dok se dobro ne sjedini.

c) Žlicom stavljajte tijesto u pripremljeni kalup za krafne, ispunjavajući svaku udubinu otprilike do 2/3.

d) Pecite 15-18 minuta ili dok čačkalica zabodena u krafne ne izađe čista.

e) Ostavite krafne da se ohlade u kalupu nekoliko minuta prije nego što ih prebacite na rešetku da se potpuno ohlade.

95. Uštipci od heljde i crvene leće

SASTOJCI:
- 1 šalica kuhane crvene leće
- 1/2 šalice heljdinog brašna
- 1/4 šalice bademovog brašna
- 2 žlice mljevenog lanenog sjemena pomiješanog sa 6 žlica vode (laneno jaje)
- 1 žličica praška za pecivo
- 1/2 žličice soli
- 1/2 žličice mljevenog kima
- 1/4 žličice mljevenog korijandera
- 1/4 žličice kurkume
- 1/4 šalice nezaslađenog bademovog mlijeka

UPUTE:
a) Zagrijte pećnicu na 350°F (175°C) i namastite kalup za krafne.
b) U zdjeli pomiješajte kuhanu crvenu leću, heljdino brašno, bademovo brašno, laneno jaje, prašak za pecivo, sol, mljeveni kim, mljeveni korijander, kurkumu i bademovo mlijeko. Miješajte dok se dobro ne sjedini.
c) Žlicom stavljajte tijesto u pripremljeni kalup za krafne, ispunjavajući svaku udubinu otprilike do 2/3.
d) Pecite 15-18 minuta ili dok čačkalica zabodena u krafne ne izađe čista.
e) Ostavite krafne da se ohlade u kalupu nekoliko minuta prije nego što ih prebacite na rešetku da se potpuno ohlade.

96.Krafne od slanutka i batata

SASTOJCI:
- 1 šalica kuhanog slanutka, pasiranog
- 1/2 šalice kuhanog i zgnječenog slatkog krumpira
- 1/2 šalice zobenog brašna
- 1/4 šalice bademovog brašna
- 2 žlice mljevenog lanenog sjemena pomiješanog sa 6 žlica vode (laneno jaje)
- 1 žličica praška za pecivo
- 1/2 žličice soli
- 1/2 žličice mljevenog kima
- 1/4 žličice paprike
- 1/4 žličice češnjaka u prahu
- 1/4 šalice nezaslađenog bademovog mlijeka

UPUTE:
Zagrijte pećnicu na 350°F (175°C) i namastite kalup za krafne.

U zdjeli pomiješajte pire od slanutka, pire od batata, zobeno brašno, bademovo brašno, laneno jaje, prašak za pecivo, sol, mljeveni kim, papriku, češnjak u prahu i bademovo mlijeko. Miješajte dok se dobro ne sjedini.

Žlicom stavljajte tijesto u pripremljeni kalup za krafne, ispunjavajući svaku udubinu otprilike do 2/3.

Pecite 15-18 minuta ili dok čačkalica zabodena u krafne ne izađe čista. Ostavite krafne da se ohlade u kalupu nekoliko minuta prije nego što ih prebacite na rešetku da se potpuno ohlade.

97. Uštipci od leće i kvinoje

SASTOJCI:
- 1 šalica kuhane leće, pasirane
- 1 šalica kuhane kvinoje
- 1/2 šalice integralnog pšeničnog brašna
- 1/4 šalice bademovog brašna
- 2 žlice mljevenog lanenog sjemena pomiješanog sa 6 žlica vode (laneno jaje)
- 1 žličica praška za pecivo
- 1/2 žličice soli
- 1/2 žličice suhe majčine dušice
- 1/4 žličice luka u prahu
- 1/4 žličice češnjaka u prahu
- 1/4 šalice nezaslađenog bademovog mlijeka

UPUTE:
a) Zagrijte pećnicu na 350°F (175°C) i namastite kalup za krafne.

b) U zdjeli pomiješajte pasiranu leću, kuhanu kvinoju, integralno pšenično brašno, bademovo brašno, laneno jaje, prašak za pecivo, sol, sušeni timijan, luk u prahu, češnjak u prahu i bademovo mlijeko. Miješajte dok se dobro ne sjedini.

c) Žlicom stavljajte tijesto u pripremljeni kalup za krafne, ispunjavajući svaku udubinu otprilike do 2/3.

d) Pecite 15-18 minuta ili dok čačkalica zabodena u krafne ne izađe čista.

e) Ostavite krafne da se ohlade u kalupu nekoliko minuta prije nego što ih prebacite na rešetku da se potpuno ohlade.

98.Krafne od crnog graha i smeđe riže

SASTOJCI:
- 1 šalica kuhanog crnog graha, pasiranog
- 1 šalica kuhane smeđe riže
- 1/2 šalice zobenog brašna
- 1/4 šalice bademovog brašna
- 2 žlice mljevenog lanenog sjemena pomiješati sa 6 žlica vode
- 1 žličica praška za pecivo
- 1/2 žličice soli
- 1/2 žličice čilija u prahu
- 1/4 žličice kumina
- 1/4 žličice češnjaka u prahu
- 1/4 šalice nezaslađenog bademovog mlijeka

UPUTE:
a) Zagrijte pećnicu na 350°F (175°C) i namastite kalup za krafne.
b) U zdjeli pomiješajte pasirani crni grah, kuhanu smeđu rižu, zobeno brašno, bademovo brašno, laneno jaje, prašak za pecivo, sol, čili u prahu, kumin, češnjak u prahu i bademovo mlijeko. Miješajte dok se dobro ne sjedini.
c) Žlicom stavljajte tijesto u pripremljeni kalup za krafne, ispunjavajući svaku udubinu otprilike do 2/3.
d) Pecite 15-18 minuta ili dok čačkalica zabodena u krafne ne izađe čista.
e) Ostavite krafne da se ohlade u kalupu nekoliko minuta prije nego što ih prebacite na rešetku da se potpuno ohlade.

99. Krafne od brašna od kvinoje i slanutka

SASTOJCI:
- 1 šalica kuhane kvinoje
- 1/2 šalice brašna od slanutka
- 1/4 šalice zobenog brašna
- 2 žlice mljevenog lanenog sjemena pomiješati sa 6 žlica vode
- 1 žličica praška za pecivo
- 1/2 žličice soli
- 1/2 žličice sušenog ružmarina
- 1/4 žličice češnjaka u prahu
- 1/4 žličice luka u prahu
- 1/4 šalice nezaslađenog bademovog mlijeka

UPUTE:
a) Zagrijte pećnicu na 350°F (175°C) i namastite kalup za krafne.
b) U zdjeli pomiješajte kuhanu kvinoju, brašno od slanutka, zobeno brašno, laneno jaje, prašak za pecivo, sol, sušeni ružmarin, češnjak u prahu, luk u prahu i bademovo mlijeko. Miješajte dok se dobro ne sjedini.
c) Žlicom stavljajte tijesto u pripremljeni kalup za krafne, ispunjavajući svaku udubinu otprilike do 2/3.
d) Pecite 15-18 minuta ili dok čačkalica zabodena u krafne ne izađe čista.
e) Ostavite krafne da se ohlade u kalupu nekoliko minuta prije nego što ih prebacite na rešetku da se potpuno ohlade.

100. Uštipci od leće i heljde

SASTOJCI:
- 1 šalica kuhane leće, pasirane
- 1/2 šalice heljdinog brašna
- 1/4 šalice bademovog brašna
- 2 žlice mljevenog lanenog sjemena pomiješanog sa 6 žlica vode (laneno jaje)
- 1 žličica praška za pecivo
- 1/2 žličice soli
- 1/2 žličice suhe majčine dušice
- 1/4 žličice češnjaka u prahu
- 1/4 žličice luka u prahu
- 1/4 šalice nezaslađenog bademovog mlijeka

UPUTE:
a) Zagrijte pećnicu na 350°F (175°C) i namastite kalup za krafne.

b) U zdjeli pomiješajte pasiranu leću, heljdino brašno, bademovo brašno, laneno jaje, prašak za pecivo, sol, sušeni timijan, češnjak u prahu, luk u prahu i bademovo mlijeko. Miješajte dok se dobro ne sjedini.

c) Žlicom stavljajte tijesto u pripremljeni kalup za krafne, ispunjavajući svaku udubinu otprilike do 2/3.

d) Pecite 15-18 minuta ili dok čačkalica zabodena u krafne ne izađe čista.

e) Ostavite krafne da se ohlade u kalupu nekoliko minuta prije nego što ih prebacite na rešetku da se potpuno ohlade.

ZAKLJUČAK

Nadam se da vas je ova kuharica s krafnama nadahnula da pokušate napraviti krafne kod kuće. Bilo da ste početnik ili iskusan pekar, ovdje je recept za krafne koji možete isprobati. Od klasičnih do kreativnijih okusa, mogućnosti za domaće krafne su beskrajne.

Ne zaboravite se zabaviti i biti kreativni u izradi krafni. Krafne su namijenjene da se u njima uživa, stoga nemojte previše brinuti o tome da ih napravite savršenima. Eksperimentirajte s različitim dodacima i nadjevima, i što je najvažnije, uživajte u slatkoj poslastici koju ste napravili.

Hvala vam što koristite ovu kuharicu i sretno pečenje!

www.ingramcontent.com/pod-product-compliance
Lightning Source LLC
Chambersburg PA
CBHW071321110526
44591CB00010B/968